JN095202

REGISTRAR
BOOKS

改訂

設題
解説 渉外戸籍実務の処理

Ⅸ 戸籍訂正・追完 編(2)

渉外戸籍実務研究会　著

日本加除出版株式会社

改訂版　は　し　が　き

　平成25年9月に「設題解説　渉外戸籍実務の処理」の第1巻である「Ⅰ　総則・通則編」の改訂作業を開始して以来10年以上の歳月を経て，同シリーズの最終巻である「Ⅸ　戸籍訂正・追完編(2)」の改訂まで漕ぎ着けることができました。これも本シリーズをご愛読して頂いている皆様のご理解の賜であり，まずは，篤く御礼を申し上げます。

　本巻は，前巻に続いて戸籍訂正と追完を取り扱っています。これらは，戸籍の病理現象を正常に戻すための措置であり，戸籍記載の正確性を担保するための最後の砦であります。戸籍の最初の記載に当たり，申請の正確性を担保するため，証人の署名や各種の証明書の提示を求める等の措置が採られていますが，それでも誤りが生ずることがあり，戸籍訂正や追完は，そのような事態に対処するために設けられています。これらを理解することが戸籍制度を隅々まで把握するために重要と思われます。また，本書の初版のはしがきでも記載しましたが，渉外戸籍のうち，外国人同士の身分行為に関しては，戸籍に記載をしないため，婚姻届等の受理の際に提出された申請書に基づき身分関係を公証しています。この場合において申請書に誤りがあるときは，戸籍訂正の手段によっては是正を図ることができず，当初の申請書に対する追完によりその是正を図り，もって正確な公証事務を行うので，この点の理解も必要です。

　渉外戸籍は，日本人と外国人との身分行為や外国人同士の身分行為等を扱うものですが，世界的に見れば，Family Lawは大きく変容しており，それに伴い人権の内容も変化を遂げています。この流れは，日本国憲法の解釈にも影響を与えようとしています。これらのすべてを網羅することは浅学非才の編著者にとっては任に堪えませんが，それでもなお，本シリーズでは，これらの変容にも対処し得る基本的な

指針をお示ししてきた積もりです。渉外戸籍の分野で新たな問題が提起された場合，本シリーズの解説が，その解決の一助となれば，望外の幸せです。

　コロナウイルスも第5分類となり，海外からの渡航客も増えつつあります。このように国際交流が活発になれば，渉外的身分行為も増加するものと思われます。これからも，機会を見つけて，本シリーズを改訂し，読者の皆様に最新の情報をお届けしたいと思っています。

　本シリーズにつき，第1巻の初版本から本巻の改訂版まで足かけ20年にわたり，日本加除出版編集部の皆様には，判例・先例の探索，原稿の整理及び校正等につき大変お世話になりました。特に，大野弘参事にはこの20年間欠かすことなく全巻にわたり，ひとかたならぬご尽力をいただきました。ここに同編集部の皆様方に対し感謝の意を表します。

　　令和5年7月

渉外戸籍実務研究会

代　表　南　　敏　文

(弁護士・元東京高等)
(裁判所部総括判事)

初版　は　し　が　き

　本書は,「渉外戸籍実務の処理」シリーズの第9巻「IX　戸籍訂正・追完編(2)」として刊行する運びとなったものです。本書には, 前巻「VIII　戸籍訂正・追完編(1)」の「第1編　戸籍訂正」の続編として,「第7章　離婚に関するもの」から「第11章　就籍に関するもの」までの5章と,「第2編　追完」を掲載しています。

　ところで, 本書第2編では「届出の追完」について解説していますが, 戸籍法上, 届出を受理した場合に, 届書に不備があるため戸籍の記載をすることができないときは, 届出人にその追完を求めて, これにより適正な戸籍の記載をするよう規定している(戸45条)ことから, 追完は, 戸籍に記載を必要とする事項についてのみ認められているようにも考えられます。しかし, 外国人がわが国で出生し, あるいは死亡したときは, 戸籍法の属地的効力から, 出生届や死亡届をすることが義務付けられています。また, 外国人同士がわが国の方式, すなわち市区町村長への届出によって婚姻や離婚等を成立させることができますが, これらの外国人のみに関する届出については, これに基づいて戸籍が記載されることはなく, したがって, 戸籍訂正の問題も生じません。しかしながら, その届書は, 外国人の身分関係を公証する上で, 日本人の戸籍に代わる重要な証明資料であるため, 受理された届書に不備があるときは, その不備を補完し又は是正するために, 追完の届出をすることが認められています。そして, その追完届書は, 基本の届書と一体の証明資料として機能するので, 渉外戸籍の実

務上，追完に関する解釈及び運用等についての正しい理解が求められるところです。

　本書は，戸籍訂正（離婚，親権・未成年後見，国籍の得喪，氏名の記載・変更，就籍）及び追完（追完一般，出生届，認知届，養子縁組届，婚姻届，離婚届）に関する渉外的事例について，戸籍先例に示された事例や想定され得る事例を設定の上，その処理のあり方等々について，解説を試みたものです。

　本書「渉外戸籍実務の処理」シリーズは，平成16年7月にその第1巻として「Ⅰ　総論・通則編」を皮切りにスタートしたものですが，本書の第9巻をもって最終の発刊ということになりました。ここに至るまで8年の歳月を要しましたが，この間，本シリーズをご活用いただいた戸籍実務担当者をはじめ戸籍実務に関係のある多くの方々に対し，衷心より感謝を申し上げます。

　なお，本書の刊行に当たり，東京都豊島区区民課区民サービス担当係長加藤信良氏に校正等のご協力をいただきました。また，本シリーズの第1巻の刊行以来，日本加除出版株式会社編集第一部長大野弘氏，同部元副部長小林俊男氏及び同部課長補佐髙山康之氏には，ひとかたならぬご尽力をいただきました。ここに特に記して各位に対し感謝の意を表します。

　平成24年9月

渉 外 戸 籍 実 務 研 究 会

代 表 南 　 敏 文

（東京高等裁判所部総括判事）
（元　法務省民事局第二課長）

凡　例

法令，先例及び文献等の引用については，次の略記法を用いました。

民…………民法　　　　　　　　戸規………戸籍法施行規則
通則法………法の適用に関する　　民訴…………民事訴訟法
　　　　　通則法　　　　　　　　人訴…………人事訴訟法
国…………国籍法　　　　　　　　家事…………家事事件手続法
戸…………戸籍法　　　　　　　　家事規………家事事件手続規則

東京家審昭和43・4・25…………東京家庭裁判所昭和43年4月25日
　　　　　　　　　　　　　　　　　審判
東京地判昭和59・3・28…………東京地方裁判所昭和59年3月28日
　　　　　　　　　　　　　　　　　判決
基本通達第6の1………………平成元年10月2日付け法務省民二
　　　　　　　　　　　　　　　　第3900号法務省民事局長通達第6
　　　　　　　　　　　　　　　　の1
平成6・4・28民二2996号通達……平成6年4月28日付け法務省民二
　　　　　　　　　　　　　　　　第2996号法務省民事局長通達
昭和42・12・22民事甲3695号回答…昭和42年12月22日付け法務省民事
　　　　　　　　　　　　　　　　甲第3695号法務省民事局長回答

民録………大審院民事判決録　　　家月…………家庭裁判月報
民集………最高裁判所民事判例集　判時…………判例時報
下民………下級裁判所民事裁判例集　法時…………法律時報
民月………民事月報　　　　　　　判タ…………判例タイムズ

目　次

第1編　戸籍訂正

第7章　離婚に関するもの

第9章　国籍の得喪に関するもの

第1　市区町村長限りの職権でする訂正

第2　戸籍法第24条第2項の許可を得てする訂正

第10章　氏名の記載・変更に関するもの

第11章　就籍に関するもの

第2編　追　完

第1章　追完一般

第2章　出生届に関するもの

第5章 婚姻届に関するもの

第６章　離婚届に関するもの

巻末資料

全巻目次

第1編　戸籍訂正

（改訂第8巻「Ⅷ戸籍訂正・追完編(1)」よりつづき）

第1編　戸籍訂正

第7章　離婚に関するもの

第1　市区町村長限りの職権でする訂正

> **問63　外国裁判所の離婚判決に基づく報告的届出がなされ，戸籍の記載がなされたが，誤って協議離婚として記載をしている場合，どのように戸籍を訂正すべきですか。**

答　外国裁判所の離婚判決に基づく報告的届出がなされ，戸籍の記載がなされたが，誤って協議離婚として記載をしている場合は，協議離婚の記載を外国裁判所の離婚判決に基づく報告的離婚の記載に訂正すべきです。この場合，市区町村長限りの職権で訂正することができます。

【解 説】

1　外国における離婚

(1)　外国裁判所の関与がない離婚

渉外的離婚に関しては，婚姻の効力の準拠法に関する規定（通則法25条）が準用されるので（通則法27条本文），①夫婦の本国法が同一であるときはその法により，②夫婦の同一の本国法がない場合において夫婦の常居所地法が同一であるときはその法により，③上記のいずれの法もないときは夫婦に最も密接な関係がある地の法によることになります。ただし，夫婦の一方が日本に常居所を有する日本人であるときは，離婚は，日本法によるものとされています（通則法27条ただし書）。したがって，外国裁判所の関与がない外国における離婚につい

ては，通則法に規定する上記の準拠法の離婚要件を満たしていれば，日本においても離婚の効力が認められます（渉外的離婚の準拠法の詳細については，改訂Ⅲ第2章の問6（18頁以下）を参照願います。）。しかし，外国裁判所の離婚判決による場合は，外国判決の承認の問題となります。

(2) 外国裁判所の判決による離婚

外国裁判所の確定判決の効力については，民事訴訟法第118条において，外国裁判所の確定判決は，次に掲げる要件のすべてを具備する限り，その効力を有するものと定められているところ，外国裁判所における離婚判決について民事訴訟法第118条の規定をそのまま適用すべきかどうかについて，説が分かれており，これを肯定するのが通説です。戸籍の実務においても，外国裁判所の下した離婚判決は，民事訴訟法第118条の条件を具備する限り，わが国においてもその効力を生じるものとし，市区町村長は，外国判決に基づく報告的離婚の届出があったときは，当該判決が民事訴訟法第118条の条件を欠いていると明らかに認められる場合を除いて，これを受理して差し支えないものとされています（昭和51・1・14民二280号通達）。

① 法令又は条約により外国裁判所の裁判権が認められること。

② 敗訴の被告が訴訟の開始に必要な呼出し若しくは命令の送達（公示送達その他これに類する送達を除く。）を受けたこと又はこれを受けなかったが応訴したこと。

③ 判決の内容及び訴訟手続が日本における公の秩序又は善良の風俗に反しないこと。

④ 相互の保証があること。

なお，離婚判決の承認に関する問題の詳細については，改訂Ⅲ第5章の問50（151頁以下）を参照願います。

2 外国における裁判離婚につき誤って協議離婚の記載（記録）をした場合の訂正

　外国裁判所の離婚判決に基づく報告的届出がなされ，これを受理した場合は，戸籍の記載は，その届出に基づいて，判決による離婚の記載をすべきことになります（改訂Ⅲ第7章の問60（185頁以下）を参照）。しかし，設問の事例は，外国裁判所の離婚判決に基づく届出がなされたのに，誤って協議離婚の記載をしてしまったという場合です。市区町村長の過誤による記載について，これを正しい記載に訂正するには，本来，戸籍法第24条第2項の規定に基づいて管轄法務局長等の許可を得て訂正すべきですが，その記載が市区町村長の過誤によるものであることが届書類によって明白であり，かつ，その内容が軽微であり，訂正の結果が身分関係に影響を及ぼさない場合には，管轄法務局長等の許可を得ることなく，市区町村長限りの職権で訂正することができるものとされています（戸24条3項。法改正前の取扱いも同様でした。昭和47・5・2民事甲1766号通達参照）。設問の事例の場合，当該戸籍記載の過誤の原因が，市区町村長の過誤によるものであることが届書類によって明白であるので，市区町村長限りの職権で，協議離婚の記載を裁判離婚の記載に訂正することができます。なお，このように戸籍訂正することにより，離婚日が異なって記載されることとなりますが，この点も含め，届書に添付された外国判決等から明らかであり，管轄法務局長等の許可を得るまでもないと考えます。

3 市区町村長限りの職権で訂正する場合の記載（記録）

　設問については，日本人夫と外国人妻について外国の裁判所で離婚の裁判が確定した場合を例にとって，日本人夫の戸籍に記載された協議離婚事項を外国裁判所の離婚判決による記載に訂正する場合の戸籍訂正書式例及び戸籍記載例を示せば，後掲の(1)・(2)のとおりです。

(1) 戸籍訂正書

<table>
<tr><td rowspan="5" colspan="2" style="text-align:center">戸 籍 訂 正 書</td><td>受</td><td colspan="2">令和 5 年 8 月 2 日</td><td>戸　籍</td></tr>
<tr><td rowspan="2">付</td><td rowspan="2">第</td><td rowspan="2">2111　号</td><td>調査</td></tr>
</table>

（一）事件本人	本　籍	東京都中央区日本橋5丁目30番地		記載
	筆頭者氏名	乙 川 秋 雄		記載 調査
（二）本人	住所及び 世帯主氏名	東京都千代田区大手町3丁目4番7号　乙川秋雄		送付
（三）	氏　名	乙 川 秋 雄		住 民 票
	生年月日	昭和56年10月30日		記載
（四）	訂 正・記 載 の 事 由	上記事件本人の離婚事項は協議離婚と記載されている が、外国で成立した裁判離婚の誤記であるから、戸籍法 24条3項によりこれを訂正する。		通知
				附　票
				記載
				通知
（五）	訂 正・記 載 の 趣 旨	協議離婚の記載を外国裁判所の離婚判決に基づく記載 に訂正する。		
（六）	添 付 書 類	離婚届書謄本（判決書、訳文等添付書類も含む）		

　上記のとおり職権によって訂正する。

　　令和 5 年 8 月 2 日

　　　　　　　東京都中央区長　戸 山 太 郎　職印

※　この訂正処理後，戸籍法施行規則47条の2による連絡を行います。

(2) 〔コンピュータシステムによる証明書記載例〕 日本人夫の戸籍中その身分事項欄

決 裁 用 帳 票

本　　籍	東京都中央区日本橋五丁目３０番地
氏　　名	乙川　秋雄

戸籍事項 　　戸籍編製	（編製事項省略）
戸籍に記録されている者	【名】秋雄 【生年月日】昭和５６年１０月３０日 【父】乙川松蔵 【母】乙川竹子 【続柄】三男
身分事項 　　出　　生	（出生事項省略）
婚　　姻	【婚姻日】平成２１年１０月１日 【配偶者氏名】モロー，ジャンヌ 【配偶者の国籍】アメリカ合衆国 【配偶者の生年月日】１９８６年４月７日 【従前戸籍】東京都中央区日本橋五丁目３０番地　乙川松蔵
離　　婚	**【離婚の裁判確定日】令和５年６月２５日** 【配偶者氏名】モロー，ジャンヌ 【配偶者の国籍】アメリカ合衆国 **【裁判所】アメリカ合衆国カリフォルニア州高級裁判所** **【届出日】令和５年７月１５日**
訂　　正	【訂正日】令和５年８月２日 【訂正事由】誤記 【従前の記録】 　　【離婚日】令和５年７月１５日 【記録の内容】 　　【裁判所】アメリカ合衆国カリフォルニア州高級裁判所 　　【届出日】令和５年７月１５日
	以下余白

発行番号

第2　戸籍法第24条第2項の許可を得てする訂正

> **問64**　外国人夫が日本人妻に無断で協議離婚届をしたため，検察官から戸籍法第24条第4項の規定に基づく通知があったが，通知に「公正証書原本不実記載事件について起訴猶予処分にした。」旨の記載がある場合，どのように処理すべきですか。

答　設問の夫婦についての離婚は，準拠日本法上無効であり，また，検察官からの当該通知によって日本人妻の戸籍の離婚の記載は錯誤であることが明らかであるので，通知を受けた市区町村長は，戸籍法第24条第1項の規定により届出事件の本人に対し，離婚事項を消除する旨の戸籍訂正申請をするよう通知をすべきです。この場合，その通知をすることができないとき，又は通知をしても戸籍訂正の申請をする者がないときは，市区町村長は，管轄法務局長等の許可を得て職権で離婚の記載を消除する戸籍訂正をすることができます。

【解　説】

1　渉外的離婚の準拠法

　渉外的離婚の準拠法について，通則法は第27条において，婚姻の効力を定めた第25条の規定を準用して，いわゆる段階的連結による指定方法を採用しています。その結果，離婚は，夫婦の共通本国法，常居所地法，密接関連地法が段階的に適用されます。ただし，夫婦の一方が日本に常居所を有する日本人であるときは，離婚は，日本法によります（通則法27条ただし書）。そして，戸籍実務の取扱いは，原則として，日本人について住民票の写し（発行後1年以内のもの）の提出があれば，わが国に常居所があるものとして取り扱うものとされていま

す（平成元・10・2民二3900号通達（以下「基本通達」という。）第8の
1(1)前段本文）。

2　設問の離婚と準拠法との関係

　設問における協議離婚の届出は，日本人妻が日本に常居所を有する
か，又は密接関連地法が日本法であることから，日本法を準拠法とし
て受理されたものと思われます。しかし，この届出は，外国人夫から
一方的にされているため，当該離婚が有効かどうかが問題となります。
その判断は，当該離婚の準拠法に基づいて行うことになります。

3　協議離婚の届出の効力

　設問の協議離婚については，前記のとおり，日本法をその準拠法と
しているものと考えられますが，日本法上，当事者間に離婚の合意が
ないのに離婚届出がされた場合は，離婚は無効です（最判昭和34・8・
7－民集13巻10号1251頁）。設問の事例もこれに該当し，外国人夫と日
本人妻との夫婦間の協議離婚は，日本人妻の離婚の意思を欠くものと
して無効です。なお，この場合，外国人夫については，公正証書原本
不実記載（コンピュータシステムによる戸籍の場合は，電磁的公正証書原
本不実記録）の罪に問われます（刑法157条）。

4　検察官からの通知と戸籍の処理

　裁判所，その他の官庁，検察官又は地方自治体の吏員が，その職務
の執行上において，戸籍の記載に違法又は錯誤・遺漏等があることを
知ったときは，遅滞なく当該戸籍記載の本人の本籍地の市区町村長に
その旨を通知しなければならないものとされ，同市区町村長が戸籍法
第24条第1項の手続をとることに協力するよう定められています（戸
24条4項）。これは，結局，錯誤・遺漏等のある戸籍の記載を可及的
速やかに是正し，その正確性を確保するための措置にほかなりません。

　ところで，上記の通知のうち，特に検察官からの通知に基づく戸籍
訂正については，戸籍の実務では，次のとおり処理すべきものとされ
ています。

例えば，協議離婚届書の偽造事件の刑事判決において，その戸籍の記載につき没収の判決が確定し，検察官からその旨の通知を受けた市区町村長は，当該通知により離婚の戸籍の記載に錯誤があることが明白となるので，届出事件の本人等に対し戸籍法第24条第1項の規定による通知をし，同法第113条の規定により家庭裁判所の戸籍訂正許可の審判を得て訂正申請をするよう促すのが相当である（もし，この通知をすることができないとき，又は通知をしても訂正申請をする者がないときは，同法第24条第2項の規定により職権で訂正して差し支えない。）とされています（昭和31・12・4民事甲2724号回答）〔**注**〕。

　一方において，設問の場合のように，戸籍原本不実記載の刑事事件の被疑者が起訴猶予処分に付され，検察官から，同事件に係る戸籍記載の本人の本籍地の市区町村長にその旨の通知がされた場合の戸籍訂正については，旧法当時の戸籍先例は，戸籍法第167条（現行戸籍法116条）の規定により確定判決を得た上，これに基づく戸籍訂正申請により訂正するのが相当であるとしています（昭和12・9・17民事甲1038号回答。なお，現行戸籍法施行後の先例には，起訴猶予処分の場合の戸籍訂正に関する先例は見当たらないようです。）。この場合は，戸籍原本の不実記載の部分につき没収の判決がされていない（この点で，前記の刑事判決が確定した場合と異なる。）ため，いわば原則的な訂正手続を要するとしたものと思われます。しかし，起訴猶予処分は，検察官が起訴・不起訴を決定するについて，たとえ訴訟条件を具備し犯罪を立証することができるとしても，訴追の必要がないとして不起訴にする（犯人の性格，年齢，境遇，犯罪の軽重，情状，犯罪後の情況等を総合考慮して決定される。）ことであり（刑訴248条），これをもって虚偽の届出行為ひいてはこれに基づく不実の戸籍記載が全く否定されたことになるわけではありません。特に，設問のように検察官が戸籍法第24条第4項の規定に基づき通知をしている場合は，検察官において捜査の結果犯罪が成立していることが明らかであると確信していること

は明らかということができます。

そこで，設問の場合，日本人妻の戸籍の外国人夫との離婚の記載については，それが錯誤の記載であることは検察官からの通知により明らかであるため，同通知を資料として，戸籍法第113条の規定により家庭裁判所の戸籍訂正許可の審判を得て訂正することができるものと解されます。したがって，当該通知を受けた市区町村長は，届出事件本人に対し上記趣旨の戸籍訂正申請をするよう通知すべきです。当事者間で離婚無効の裁判が確定したときは，戸籍法第116条に定める戸籍訂正の方法によることができますが，このことは，同法第113条による戸籍訂正を否定するものではありません。なお，上記の通知をすることができないとき，又は通知をしても戸籍訂正申請をする者がないときは，管轄法務局長等の許可を得て，職権により訂正することができると解されます（戸24条1項・2項）。

5 戸籍訂正の処理方法

設問の場合，日本人妻については，外国人夫との婚姻により新戸籍が編製されている場合（昭和59年法律第45号による戸籍法改正後の婚姻の場合（戸16条3項本文））と親の戸籍に在籍のままである場合（婚姻が上記戸籍法改正前の場合）が考えられますが，そのいずれの場合でも，前記4の戸籍訂正手続により，同女の身分事項欄に記載の外国人夫との離婚事項を消除します。この場合（戸籍法24条2項の規定による戸籍訂正の場合）の訂正記載は，後掲の(1)・(2)のとおりです。

〔注〕 この場合，旧法当時の戸籍先例は，戸籍法第39条（現行戸籍法24条）第1項の通知を要せず，直ちに監督区裁判所の監督判事（現行・管轄法務局の長）の許可（同条2項の許可であって，裁判手続としての許可決定ではなく，行政処分としての許可）を得て，職権により訂正すべきであるとしています（大正6・2・26民352号回答）。しかし，戸籍の記載は，当事者からの届出等に基づいてされるのが本則とされており（戸15条），したがって，その記載の訂正

も当事者や利害関係人からの申請に基づいてされるのが相当というべきですから，当該通知を受けた市区町村長としては，まず，戸籍法第24条第1項の規定による通知を行うのが相当です。つまり，設問の事例のような場合でも，戸籍訂正手続の本則に従って処理されるべきものと考えます。

(1) 戸籍訂正許可申請書

				受 付	令和 5 年 11 月 11 日	戸　籍
					第　　3131　　号	調査

戸籍 訂正
記載 許可申請

東　京 法務局長 甲 山 司 郎 殿	戸発第 900 号 平成 25 年 11 月 1 日 申請 東京都千代田区長 千代田太郎 [職印]	記載

				記載 調査

(一)	事件本人	本　籍	東京都千代田区平河町1丁目4番地	送付 通知
		筆頭者氏名	乙　野　梅　子	**住 民 票**
(二)		住所及び 世帯主氏名	東京都千代田区平河町1丁目10番8号　乙野梅子	記載
(三)		氏　　名	乙　野　梅　子	通知
		生 年 月 日	平成5年1月20日	**附　　票**

(四)	訂正・記載 の　事　由	上記事件本人と夫国籍中国周陳頼が令和5年7月25日届け出た協議離婚について、同9月15日東京地方検察庁検察官から当該離婚届は夫からされた虚偽の届出によるものであり、戸籍の記載が法律上許されないものであるとして、戸籍法第24条第4項の通知を受けた。そこで、当職は同条第1項により事件本人に対し戸籍訂正の申請をするよう通知したが、申請をしないため、職権で訂正したい。	記載
			通知

(五)	訂正・記載 の　趣　旨	事件本人及び夫周陳頼の離婚無効につき、上記乙野梅子戸籍中梅子の離婚事項を消除する。

(六)	添 付 書 類	検察官の通知書謄本、乙野梅子の戸籍謄本

上記申請を許可する。　　　　　　　　　　　　戸乙第　515　号

　令和 5 年 11 月 9 日

　　　　　　　東 京 法務局長　甲 山 司 郎 [職印]

(注　意)

一、本申請には、申請書副本一通を添付すること。
二、事件本人が二人以上であるときは、必要に応じ該当欄を区切って記載すること。
三、四欄は、訂正、記載を要するにいたった錯誤、遺漏及び過誤の事情を簡明に記載すること。
四、(五)欄は、訂正、記載の箇所及び方法を簡明に記載すること。

※　この訂正処理後，戸籍法施行規則47条の2による連絡を行います。

(2) 〔コンピュータシステムによる証明書記載例〕　妻の戸籍

本　　籍	東京都千代田区平河町一丁目4番地
氏　　名	乙野　梅子

戸籍事項 　戸籍編製	（編製事項省略）

戸籍に記録されている者	【名】梅子
	【生年月日】平成5年1月20日　　　　　【配偶者区分】妻 【父】乙野太一郎 【母】乙野夏子 【続柄】長女

身分事項 　出　　生	（出生事項省略）
婚　　姻	（婚姻事項省略）
消　　除	【消除日】令和5年11月11日 【消除事項】離婚事項 【消除事由】夫周陳頼との離婚無効 【許可日】令和5年11月9日 【従前の記録】 　【離婚日】令和5年7月25日 　【配偶者氏名】周陳頼 　【配偶者の国籍】中国

以下余白

発行番号

第3 戸籍法第113条の申請による訂正

> **問65** 日本人夫婦につき家庭裁判所で離婚の裁判が確定し，申立人である妻からの届出によりその記載がされた後に，当該裁判の確定前に外国裁判所において既に確定した離婚判決の謄本を添付して申立人である夫から届出がされた報告的離婚届が在外公館から送付された場合は，どのように訂正すべきですか。

答　日本人夫婦につき外国裁判所でされた離婚判決の効力が認められる場合には，日本の裁判所における離婚裁判について再審により取り消されるのを待つまでもなく，同裁判に基づく戸籍の記載は錯誤によるものとなるとして，戸籍法第113条の規定による戸籍訂正手続によって消除するのが相当です。そして，その上で，外国裁判所の裁判離婚の届出に基づく戸籍の記載をします。

【解 説】

1　外国裁判所の離婚判決の効力

　日本人の双方又は一方を当事者とする夫婦について，外国裁判所の離婚の判決が確定した場合に，わが国においてもその効力が認められるかは，いわゆる外国判決の承認の問題ですが，この点について，現在の判例，通説は，外国判決の承認を定めた民事訴訟法第118条がそのまま適用されると解しており，戸籍の実務においてもこの立場を採っています。すなわち，外国裁判所の下した離婚判決は，民事訴訟法第118条の条件を具備する限り，わが国においてもその効力を生じるものとし，市区町村長は，外国判決に基づく報告的離婚の届出があったときは，通則法第27条に定める準拠法上の要件を審査する必要

はなく，当該判決が民事訴訟法第118条の条件を欠いていると明らか
に認められる場合を除いて，これを受理して差し支えないものとされ
ています（昭和51・1・14民二280号通達）。

2 重複判決の効力

　設問の事例は，日本人夫婦について日本の家庭裁判所で離婚の裁判
が確定し，申立人である妻からの届出によりその記載がされていると
ころ，その裁判の確定前に，既に確定している外国裁判所の離婚判決
の謄本を添付して，当該外国裁判の申立人である夫から届出がされた
報告的離婚届が在外公館から送付された場合です。このように，設問
では，離婚に関する裁判が重複してなされており，このような場合の
裁判の効力が問題となります。

(1) 国内判決の重複

　この問題について，まず，わが国の裁判所で重複した裁判があった
場合を検討します。例えば，札幌と沖縄で別居している夫婦が，お互
いの地で離婚の裁判を提起し，それぞれ，相手が提起した裁判に出頭
せず，かつ，自分が裁判を提起していることを明らかにしなかったよ
うな場合，それぞれの裁判所で離婚の判決がされることがあります。
札幌家裁での離婚判決が先ず確定し，その1週間後，那覇家裁の離婚
判決が確定した場合を想定しますと，いずれの判決も，正当な手続に
よりなされており，判決としての効力を有します。仮に，那覇家裁の
判決で，財産分与が言い渡されているときは，その判決に基づき，執
行することができます。問題は，札幌家裁では父を親権者と指定して
いるのに，那覇家裁では母を親権者と指定する等，重複判決に矛盾が
ある場合です。いずれの判決も判決としての効力を有するので，この
ような矛盾を解決するため，民事訴訟法第338条第1項第10号では，
「不服の申立てに係る判決が前に確定した判決と抵触すること」を再
審事由と定めています。そこで，那覇家裁の判決を再審により取り消
せば，そのような矛盾は解消し，札幌家裁の判決のみが効力を有する

ことになります。

　なお，札幌家裁と那覇家裁のいずれもが，離婚を認容しているとき
は，離婚そのものについては両判決間に抵触は見られませんが，判決
確定日が異なれば，離婚の日の齟齬を来すことになります。この場合
は，早く確定した離婚判決の確定日をもって離婚の日時と取り扱うの
が相当です。離婚判決があった場合には，その判決の確定日に離婚が
成立し，その後，他の判決（再審判決等，当該離婚判決を覆すものを除
く。）があっても，先の離婚判決による離婚の成立に影響を与えるも
のではないからです。

　(2)　外国判決との重複

　国内判決と外国判決との間に抵触がある場合，上記の点に加え，別
の考慮も必要です。前記1で説明したとおり，外国判決をわが国で承
認するためには，民事訴訟法第118条に定める要件を満たすことが必
要ですが，同条第3号では「判決の内容及び訴訟手続が日本における
公の秩序又は善良の風俗に反しないこと」を要件と定めており，国内
判決と抵触する外国判決は，ここにいう手続上の公序に反するかどう
かが問題となるからです。

　この点については，国内判決と外国判決との確定の時期を問わず，
国内判決と抵触する外国判決は，およそわが国の公序に反するとの見
解と，国内判決に遅れて確定した外国判決のみわが国の公序に反し，
外国判決のほうが国内判決よりも早く確定していた場合は，わが国の
公序に反せず，他の要件を満たせば，承認すべきであるとの見解とが
あります。このうち，後者の見解が優れているものというべきです。
国内判決が先に確定していた場合は，外国判決は，仮に外国判決と同
一内容の判決が国内でされていた場合は，再審により取り消されるべ
きものであり，そのような欠陥のある外国判決を承認すると，わが国
に混乱をもたらすだけです。他方，外国判決が先に確定していた場合
は，後れた国内判決はわが国で再審により取り消すことが可能であり，

手続上の手当がされているということができるからです（秋山・伊藤ほか『コンメンタール民事訴訟法Ⅱ』517頁も同旨）。

そうすると，設問の外国裁判所の離婚判決が前記1により承認されるときは，(1)の後段で説明したのと同じ理由で，当該離婚判決の確定により離婚の効力が生じるものというべきです。

3　戸籍訂正の可否

上記説明のとおり，後れた家庭裁判所の離婚判決も再審により取り消されるまでは，判決としての効力を有しており，この点を重視すれば，当該判決に基づく戸籍の記載に誤りはなく，当該判決が再審により取り消された場合に限り，戸籍訂正をすれば済みそうです。

しかし，2で説明したように，設問では，外国判決の確定日に離婚が成立しており，このことが後の家庭裁判所の判決により影響を受けることはないのですから，外国判決の内容に沿って戸籍の記載を行うべきです。また，これと矛盾する戸籍の記載は，結論的に誤ったものというほかはなく，錯誤に基づく記載というべきですから（当該家庭裁判所の離婚判決が再審により取り消されると，錯誤の存在は，いっそう，明らかになります。），これを訂正するのが相当です。

そこで，設問では，夫からされた報告的離婚届に基づき，戸籍に離婚の記載をすべきです（昭和63・9・10民二5132号回答）。また，日本の家庭裁判所における離婚の裁判に基づき記載された離婚の記載は，上記報告的届出に基づき記載すべきこととなる戸籍の記載と抵触するので，これを消除すべきです。

4　日本の家庭裁判所による裁判離婚の記載消除の手続

設問の事例については，前記2，3のとおり，外国裁判所の離婚の判決が承認されるときは，日本の家庭裁判所の裁判に基づく離婚の記載は錯誤であるというべきですから，戸籍法第113条の規定による戸籍訂正手続によってこれを消除した上で，在外公館から送付された報告的離婚届に基づく戸籍の記載をすることを要します。

そこで，夫婦の本籍地市区町村長は，戸籍法第24条第1項の規定に基づき届出人又は届出事件の本人に上記趣旨の戸籍訂正申請をするよう通知することが必要です。なお，上記の通知をすることができないとき，又は通知をしても戸籍訂正の申請をする者がないときは，市区町村長は，管轄法務局長等の許可を得て職権で訂正することができます（戸24条2項）。

5　戸籍訂正の処理

　設問の日本の裁判所による裁判離婚の記載につき戸籍法第113条の戸籍訂正申請によって消除する場合の訂正処理例を示せば，後掲の(1)ないし(3)のとおりです。

　この処理の後，夫からなされた外国裁判所の裁判離婚の届出に基づき，離婚に関する戸籍の記載をします。このために，夫婦の戸籍については，上記戸籍訂正の処理をした後においても，妻の末尾への回復はしません。すなわち，除籍になることには変わりはないため，この回復手続を省略するのです。夫の配偶者区分も復活させません。

(1) 戸籍訂正申請書

戸 籍 訂 正 申 請

東京都北 市(区)町村 長 殿

令和 5 年 8 月 20日申請

受	令和 5 年 8 月 20日	戸 籍
付	第 2998 号	調査

(一)	事件本人	本 籍	東京都北区十条1丁目4番地	京都市北区小山初音町18番地	記載
		筆頭者氏名	甲 野 雄 太	乙 野 忠 治	記載調査
(二)		住所及び世帯主氏名	東京都北区十条1丁目1番3号 甲野雄太	東京都港区東麻布1丁目3番3号 乙野夏子	送付
(三)		氏 名	甲 野 雄 太	乙 野 夏 子	住民票
		生年月日	平成6年4月4日	平成7年8月8日	記載
(四)	裁判の種類		戸籍訂正許可の審判		通知 / 附 票 / 記載
	裁判確定年月日		令和 5 年 8 月 15 日		通知
(五)	訂正の趣旨		事件本人間の離婚が法律上許されないため、 1 上記甲野雄太戸籍中、雄太及び夏子の離婚事項を消除する。 2 上記乙野忠治戸籍中、夏子の離婚事項を消除し、同戸籍から消除する。		
(六)	添付書類		審判書の謄本、確定証明書		
(七)	申請人	本 籍	京都市北区小山初音町18番地		
		筆頭者氏名	乙 野 忠 治		
		住 所	東京都港区東麻布1丁目3番3号		
		署 名 (※押印は任意)	乙 野 夏 子 ㊞		
		生年月日	平成7年8月8日		

（注意）事件本人又は申請人が二人以上であるときは、必要に応じ該当欄を区切って記載すること。

（注） 本例は，日本の裁判離婚の記載を消除する場合の例である。なお，在外公館から送付された離婚届に基づく戸籍の記載は，この訂正後にすることになる。

(2) 〔コンピュータシステムによる証明書記載例〕 夫婦の戸籍

本　　　籍	東京都北区十条一丁目4番地
氏　　　名	甲野　雄太

戸籍事項 　　戸籍編製	（編製事項省略）

戸籍に記録されている者	【名】雄太 【生年月日】平成6年4月4日 【父】甲野幸雄 【母】甲野松子 【続柄】長男

身分事項 　　出　　生	（出生事項省略）
婚　　姻	（婚姻事項省略）
消　　除	【消除日】令和5年8月20日 【消除事項】離婚事項 【消除事由】離婚が法律上許されないことによる戸籍訂正許可の裁判確定 【裁判確定日】令和5年8月15日 【申請日】令和5年8月20日 【申請人】妻 【従前の記録】 　　【離婚の裁判確定日】令和5年7月10日 　　【配偶者氏名】甲野夏子 　　【届出日】令和5年7月20日 　　【届出人】妻

戸籍に記録されている者 除　　籍	【名】夏子 【生年月日】平成7年8月8日 【父】乙野忠治 【母】乙野春子 【続柄】長女

身分事項 　　出　　生	（出生事項省略）
婚　　姻	（婚姻事項省略）
消　　除	【消除日】令和5年8月20日 【消除事項】離婚事項 【消除事由】離婚が法律上許されないことによる戸籍訂正許可の裁判確定 【裁判確定日】令和5年8月15日

発行番号

	【申請日】令和5年8月20日 【従前の記録】 　【離婚の裁判確定日】令和5年7月10日 　【配偶者氏名】甲野雄太 　【届出日】令和5年7月20日 　【入籍戸籍】京都市北区小山初音町18番地　乙野忠治
	以下余白

発行番号

※　この消除処理後，在外公館からの離婚届書による外国裁判所の離婚事項を
　記録するため，妻の末尾への回復はしないし，夫の配偶者区分も復活させない。

⑶ 〔コンピュータシステムによる証明書記載例〕 妻の離婚後の戸籍中
妻の身分事項欄

本　　　籍	京都市北区小山初音町１８番地
氏　　　名	乙野　忠治

戸籍事項 　　戸籍編製	（編製事項省略）

戸籍に記録されている者 　除　　籍	【名】夏子 【生年月日】平成７年８月８日 【父】乙野忠治 【母】乙野春子 【続柄】長女
身分事項 　　出　　生 　　消　　除	（出生事項省略） 【消除日】令和５年８月２５日 【消除事項】離婚事項 【消除事由】離婚が法律上許されないことによる戸籍訂正許可 　　の裁判確定 【裁判確定日】令和５年８月１５日 【申請日】令和５年８月２０日 【送付を受けた日】令和５年８月２５日 【受理者】東京都北区長 【従前の記録】 　　【離婚の裁判確定日】令和５年７月１０日 　　【配偶者氏名】甲野雄太 　　【届出日】令和５年７月２０日 　　【送付を受けた日】令和５年７月２３日 　　【受理者】東京都北区長 　　【従前戸籍】東京都北区十条一丁目４番地　甲野雄太
	以下余白

発行番号

※　この消除処理後，在外公館からの離婚届書の送付による離婚復籍の記録に
　よって，夏子を末尾に入籍（回復）させる。

問66 外国在住の日本人夫婦から郵送された協議離婚届に基づき戸籍の記載がされた後に，同夫婦間の外国裁判所の離婚判決（原告夫）に基づく届書が在外公館から送付され，離婚判決が先に確定していることが明らかになった場合，どのように訂正すべきですか。

答 　日本人夫婦につき外国裁判所でされた離婚判決の効力が認められるときは，その判決確定後にされた郵送による協議離婚の届出は無効となるため，戸籍法第113条の規定による戸籍訂正手続によって協議離婚の届出による戸籍の記載を消除します。そして，その上で，外国裁判所の裁判離婚の届出に基づく戸籍の記載をすることになります。

【解 説】

1　外国裁判所の離婚判決の効力

　外国裁判所の判決の承認については，判例・多数説は，民事訴訟法第118条の規定が全面的に適用されるものとしており，戸籍の実務においても，この見解を採っています。すなわち，外国裁判所の下した離婚判決は，民事訴訟法第118条の条件を具備する限り，わが国においてもその効力を生じるものとし，市区町村長は，外国判決に基づく報告的離婚の届出があったときは，通則法第27条に定める準拠法上の要件を審査する必要はなく，当該判決が民事訴訟法第118条の条件を欠いていると明らかに認められる場合を除いて，これを受理して差し支えないものとされています（昭和51・1・14民二280号通達。なお，改訂Ⅲ第5章の問50（151頁）参照）。

2　設問の協議離婚届の効力

　設問の事例は，外国在住の日本人夫婦から，本籍地の市区町村長に

郵送により協議離婚の届出（戸47条）がなされ，これに基づき戸籍の記載がされているところ，その後に在外公館から送付された報告的離婚届書（戸77条）によれば，同夫婦については，当該協議離婚の届出前に既に外国裁判所の離婚の判決が確定していることが明らかになったというものです。この場合，外国裁判所の離婚判決が前記1により承認されるときは，当該判決の確定により離婚の効力が生じるため，判決確定後にされた上記の協議離婚の届出は，離婚した夫婦が再度離婚を届け出たものとして無効であり，同届書に基づいてされている協議離婚の記載は，戸籍法第113条の規定による戸籍訂正申請により消除することができます。令和元年法律第17号による戸籍法の改正前は，同法第114条の規定に基づき戸籍訂正を行っていたのですが（大正12・1・29民事276号回答），法改正により，同条に括弧書きが付加され，協議離婚が無効である場合の戸籍訂正は同条により行うことができなくなりました。そして，協議離婚が無効である場合の戸籍訂正は，同法第116条（判決による訂正）により行うのが原則ですが，本設問では，既に外国裁判所の離婚判決が確定しており，かつ，それが我が国においても承認されているので，協議離婚無効に関して改めて判決手続を践むまでもなく，協議離婚の記載が法律上許されないものであることが明らかであるということができるので，同法第113条による戸籍訂正が可能というべきです。

3　協議離婚の記載消除の手続

　設問の事例については，前記2のとおり，外国裁判所の離婚の判決の効力が認められるときは，郵送による協議離婚の届出は無効であり，その届出に基づく戸籍の記載は法律上許されないものとして，これを消除の上，在外公館から送付を受けた報告的離婚届に基づき戸籍の記載をすることが必要です。そこで，夫婦の本籍地の市区町村長は，戸籍法第24条第1項の規定に基づき届出人又は届出事件の本人に上記趣旨の戸籍訂正申請をするよう通知することが必要です。なお，上記の

通知をすることができないとき，又は通知をしても戸籍訂正の申請をする者がないときは，市区町村長は，管轄法務局長等の許可を得て職権で訂正することができます（戸24条2項）。

4　戸籍訂正の処理

　設問の協議離婚の記載につき戸籍法第113条の戸籍訂正申請によって消除する場合の訂正処理例を示せば，後掲の(1)ないし(3)のとおりです。

　この処理の後，夫からなされた外国裁判所の裁判離婚の届出に基づき，離婚に関する戸籍の記載をします。このために，夫婦の戸籍については，上記戸籍訂正の処理をした後においても，妻の末尾への回復はしません。すなわち，除籍になることには変わりはないため，この回復手続を省略するのです。夫の配偶者区分も復活させません。

(1) 戸籍訂正申請書

戸 籍 訂 正 申 請

東京都中央 市区町村 ⊠ 長 殿

令和 5 年 7 月 9 日申請

			受付	令和 5 年 7 月 9 日	戸　籍
			第 2864 号	調査

(一)	事件本人	本　籍	東京都中央区日本橋３丁目40番地	東京都港区南麻布８丁目90番地	記載
		筆頭者氏名	甲 野 二 郎	乙 山 孝 吉	記載調査
(二)		住所及び世帯主氏名	アメリカ合衆国ニューヨーク州ニューヨーク市３番街30番地	アメリカ合衆国ニューヨーク州ニューヨーク市９番街70番地	送付
(三)		氏　名	甲 野 二 郎	乙 山 花 子	住民票
		生年月日	平成３年６月３日	平成３年４月２日	記載
(四)	裁判の種類		戸籍訂正許可の審判		通知
					附　票
	裁判確定年月日		令和 5 年 6 月 20 日		記載
					通知
(五)	訂正の趣旨		上記甲野二郎と乙山花子の協議離婚が法律上許されないため、 １　上記甲野二郎戸籍の同人及び妻花子の協議離婚事項を消除する。 ２　上記乙山孝吉戸籍の花子の身分事項欄中協議離婚事項を消除し、同戸籍から消除（除籍者に）する。		
(六)	添付書類		審判書謄本及び確定証明書 乙山孝吉の戸籍謄本		
(七)	申請人	本　籍	東京都中央区日本橋３丁目40番地		
		筆頭者氏名	甲 野 二 郎		
		住　所	アメリカ合衆国ニューヨーク州ニューヨーク市３番街30番地		
		署　名 （※押印は任意）	甲 野 二 郎　㊞		
		生年月日	平成３年６月３日		

（注意）事件本人又は申請人が二人以上であるときは、必要に応じ該当欄を区切って記載すること。

(2) 〔コンピュータシステムによる証明書記載例〕　夫婦の婚姻中の戸籍

本　　籍	東京都千代田区日本橋三丁目４０番地
氏　　名	甲野　二郎

戸籍事項 　戸籍編製	（編製事項省略）

戸籍に記録されている者	【名】二郎 【生年月日】平成３年６月３日 【父】甲野定治 【母】甲野安子 【続柄】二男
身分事項 　出　　生	（出生事項省略）
婚　　姻	（婚姻事項省略）
消　　除	【消除日】令和５年７月９日 【消除事項】離婚事項 【消除事由】妻花子との協議離婚が法律上許されないことによる戸籍訂正許可の裁判確定 【裁判確定日】令和５年６月２０日 【申請日】令和５年７月９日 【従前の記録】 　　【離婚日】令和５年２月５日 　　【配偶者氏名】甲野花子
戸籍に記録されている者 除　　籍	【名】花子 【生年月日】平成３年４月２日 【父】乙山孝吉 【母】乙山正子 【続柄】長女
身分事項 　出　　生	（出生事項省略）
婚　　姻	（婚姻事項省略）
消　　除	【消除日】令和５年７月９日 【消除事項】離婚事項 【消除事由】夫二郎との協議離婚が法律上許されないことによる戸籍訂正許可の裁判確定 【裁判確定日】令和５年６月２０日 【申請日】令和５年７月９日 【申請人】夫

発行番号

	【従前の記録】 【離婚日】令和５年２月５日 【配偶者氏名】甲野二郎 【入籍戸籍】東京都港区南麻布八丁目９０番地　乙山孝吉
	以下余白

発行番号

※　この消除処理後，在外公館からの離婚届書による外国裁判所の離婚事項を
　記録するため，妻の末尾への回復はしない（除籍になることに変わりないた
　め省略する。夫の配偶者区分も復活させない）。

(3) 〔コンピュータシステムによる証明書記載例〕　妻の離婚後の戸籍中
　　妻の身分事項欄

　全部事項証明

本　　籍	東京都港区南麻布八丁目９０番地
氏　　名	乙山　孝吉
戸籍事項 　戸籍編製	（編製事項省略）

戸籍に記録されている者 除　籍	【名】花子 【生年月日】平成３年４月２日 【父】乙山孝吉 【母】乙山正子 【続柄】長女
身分事項 　出　　生 　消　　除	（出生事項省略） 【消除日】令和５年７月１２日 【消除事項】離婚事項 【消除事由】夫甲野二郎との協議離婚が法律上許されないこと 　　による戸籍訂正許可の裁判確定 【裁判確定日】令和５年６月２０日 【申請日】令和５年７月９日 【申請人】夫 【送付を受けた日】令和５年７月１２日 【受理者】東京都中央区長 【従前の記録】 　【離婚日】令和５年２月５日 　【配偶者氏名】甲野二郎 　【送付を受けた日】令和５年２月８日 　【受理者】東京都中央区長 　【従前戸籍】東京都中央区日本橋三丁目４０番地　甲野二 　　郎
	以下余白

発行番号

※　この消除処理後，在外公館からの離婚届書の送付による離婚復籍の記録に
　　よって，花子を末尾に入籍（回復）させる。

> **問67** 日本在住の日本人夫と中国人妻の協議離婚の届出が受理され，夫の戸籍にその記載がされた後，夫につき親族からされた死亡の届出に基づき戸籍の記載がされたところ，夫は，離婚の届出前に死亡していることが判明した。この場合，どのように訂正すべきですか。

答　　設問の場合，夫の死亡日と協議離婚日の双方が戸籍上に記載されており，夫の死亡後協議離婚の届出がされたことが，戸籍上明らかであるので，戸籍法第113条に規定する手続により戸籍訂正を行い，協議離婚事項を消除します。

　　なお，夫の生前に協議離婚の届書が郵送された場合は，協議離婚は有効であり，戸籍訂正を行うことを要しません。

【解　説】

1　設問における法律関係

(1)　原　則

　設問の場合，時間的には，夫の死亡，夫婦の協議離婚の届出の順になされており，この協議離婚の届出は，当事者の一方が死亡した後になされたものとして，無効というほかはありません。すなわち，通則法第27条ただし書は，「夫婦の一方が日本に常居所を有する日本人であるときは，離婚は，日本法による。」と規定しており，設問では，日本人夫が日本に在住していることから，離婚の準拠法は日本の民法となります。民法では，当事者の一方又は双方が死亡後にされた協議離婚は無効であると解されています。婚姻届出の事案で，婚姻の届出の前に当事者の一方が死亡していた場合は，その婚姻は無効と解されており（大判昭和16・5・20民集20巻629頁，昭和24・11・14民事甲2651号回答），それと同様であるからです。当事者の生前に協議離婚届書

に署名し，届書を作成していても，当事者の死亡後に届出がされた場合は，これと同様であり，無効です。

(2) 郵送の場合

もっとも，協議離婚の届書が郵送された場合は例外があり，戸籍法第47条によれば，届出人がその生存中に届書を郵便等により発送（ただし，同条第1項に定める方法による場合に限ります。）した場合は，死亡後に到達しても受理され，死亡の時に届出があったものとみなされます。これは，民法第97条第3項が「意思表示は，表意者が通知を発した後に死亡し……たときであっても，そのためにその効力を妨げられない。」と規定しているのと同趣旨であり，届書の発送後到達前に届出人が死亡した場合に，その効力を否定するのは妥当を欠くことを理由とします。同条は，死亡の寸前ではなく死亡の時に届出があったとみなしており，やや奇異な規定となっていますが，届出を有効なものとするための規定です。そこで，設問において夫の死亡前に協議離婚届書を郵送した場合は，協議離婚は有効です。このように，発送と死亡の時期の前後により届書の受否が決まることから，届書が郵送された場合は，受付帳（紙の受付帳）の備考欄に，封筒の通信日付印中の年月日を記載し，封筒には，届出事件名，受付の番号及び年月日を記載して届書に添付する等の措置を施すべきものとされています（昭和28・4・15民事甲597号通達，標準準則27条）。戸籍システムでは，受付帳に備考欄はありませんが，届書入力画面の"郵送日"の欄に封筒の通信日付印中の年月日（投函日）を入力することで，受付帳画面の"郵送日"の欄に反映（記録）されることになります。

2 戸籍訂正の方法

1に説明したとおり，設問の場合，郵送等による場合を除き，協議離婚は無効ですから，その記載は消除すべきものです。なお，設問の場合，夫の死亡により婚姻は解消していますが，協議離婚による婚姻の解消の場合と夫の死亡による婚姻の解消とでは，相続に差異があっ

たり，財産分与の有無の差異が生じます（協議離婚の場合は，妻は，夫を相続しませんが，夫の相続人に対して財産分与の請求をすることができます。夫死亡による婚姻の解消の場合は，その逆です。）。このように，両者の間には重大な差異がありますが，日本人夫の身分事項欄には，その死亡日が記載されており，また，協議離婚についてもその届出の年月日が記載されていることから，戸籍の記載上，協議離婚が夫の死亡後にされていることは明らかです。この場合における戸籍訂正手続ですが，協議離婚が無効であることを理由とするものであるので，戸籍法第116条により，協議離婚無効の確定判決を得ることにより行うことができますが，そのためには，検察官を相手に人事訴訟を提起することを要します。この点，令和元年法律第17号による戸籍法の改正前は，本件のような事例は，同法第114条の規定に基づき戸籍訂正を行っていましたが，法改正により，同条に括弧書きが付加され，協議離婚が無効である場合の戸籍訂正は同条により行うことができなくなりました。これは，協議離婚の無効は，類型的に，当事者の離婚意思等の事実関係や高度な法律問題が争点となることが予想され，かつ，対世効を持たせることが相当なので，判決手続によることが相当と考えられたものと理解されます。しかし，本件のような事案では，人事訴訟を提起しても，夫の死亡日時と協議離婚届出の日時の前後のみが争点となり，これは，従前の家事審判によっても十分に対処することが可能ということができます。この点，戸籍法第113条は「戸籍の記載が法律上許されないものである」場合に適用することができます。そして，死亡した者との協議離婚は法律上許されないことは明らかであるので，本事例では，同条に基づく戸籍訂正を行うことができるものというべきです。

　上記の場合における戸籍訂正申請書式例及び戸籍記載例は，後掲の(1)・(2)のとおりです。

(1) 戸籍訂正申請書

戸 籍 訂 正 申 請

東京都千代田 市⊠ 町村 長 殿

令和 4 年 8 月 9 日申請

| 受 | 令和 4 年 8 月 9 日 | 戸 籍 |
| 付 | 第 1607 号 | 調査 |

					記載
(一)	事件本人	本 籍	東京都千代田区平河町1丁目2番地	国籍 中国	記載調査
		筆頭者氏名	甲 野 啓 次		
(二)		住 所 及 び世帯主氏名		東京都千代田区神田小川町3丁目2番1号 周秀花	送付
(三)		氏 名	甲 野 啓 次	周 秀 花	住 民 票
		生 年 月 日	昭和60年4月6日	西暦1991年9月8日	記載
(四)		裁 判 の 種 類	戸籍訂正許可の審判		通知／附 票／記載
		裁 判 確 定年 月 日	令和 4 年 7 月 20 日		通知
(五)		訂 正 の 趣 旨	上記事件本人間の協議離婚が法律上許されないことによる戸籍訂正許可の裁判確定により、甲野啓次戸籍中、同人の協議離婚事項を消除する。		
(六)		添 付 書 類	審判書謄本及び確定証明書		
(七)	申請人	本 籍	国籍 中国		
		筆頭者氏名			
		住 所	東京都千代田区神田小川町3丁目2番1号		
		署 名（※押印は任意）	周 秀 花 ㊞		
		生 年 月 日	西暦1991年9月8日		

（注意）事件本人又は申請人が二人以上であるときは、必要に応じ該当欄を区切って記載すること。

(2) 〔コンピュータシステムによる証明書記載例〕 夫の戸籍

除　　籍	（1の1）	全部事項証明

本　　籍	東京都千代田区平河町一丁目２番地
氏　　名	甲野　啓次

戸籍事項 　　戸籍編製 　　戸籍消除	（編製事項省略） 【消除日】令和４年５月１７日

戸籍に記録されている者 　　除　　籍	【名】啓次 【生年月日】昭和６０年４月６日 【父】甲野義太郎 【母】甲野梅子 【続柄】二男

身分事項 　　出　　生 　　婚　　姻 　　死　　亡 　　消　　除	（出生事項省略） （婚姻事項省略） 【死亡日】令和４年３月２０日 【死亡時分】午前５時３０分頃 【死亡地】長野県松本市 【届出日】令和４年５月１４日 【届出人】同居者　乙川太郎 【送付を受けた日】令和４年５月１７日 【受理者】長野県松本市長 【消除日】令和４年８月９日 【消除事項】離婚事項 【消除事由】妻国籍中国周秀花との協議離婚が法律上許されないことによる戸籍訂正許可の裁判確定 【裁判確定日】令和４年７月２０日 【申請日】令和４年８月９日 【申請人】妻 【従前の記録】 　　【離婚日】令和４年５月８日 　　【配偶者氏名】周秀花 　　【配偶者の国籍】中国

以下余白

発行番号

第4 戸籍法第116条の申請による訂正

> **問68 韓国人夫の不知の間に日本人妻からされた協議離婚の届出が受理され，妻の戸籍に離婚の記載がされた。この場合の戸籍訂正は，どのようにすべきですか。**

答　　まず，設問の韓国人夫が家庭裁判所に日本人妻を相手として離婚無効の確認訴訟を提起する等して，離婚無効を確認する旨の裁判を得ることが必要です。そして，その確定裁判の謄本を添付して，戸籍法第116条の規定に基づき戸籍訂正の申請を行い，これにより妻の戸籍の身分事項欄に記載されている離婚事項を消除します。

【解 説】

1　設問における法律関係

通則法第27条ただし書は，「夫婦の一方が日本に常居所を有する日本人であるときは，離婚は，日本法による。」と規定していて，設問における離婚の準拠法は日本の民法となります。なお，日本人妻が日本に常居所がない場合（基本通達によれば，住民登録をしていない場合）は，同条本文の規定に基づき，離婚の準拠法は，共通常居所地法又は密接関連法となりますが，双方が外国に常居所を有しながら日本人妻の本籍地に協議離婚の届出がされるのは希有の事例と考えられ，設問における離婚の準拠法は日本法といって差し支えありません。

民法第763条は，「夫婦は，その協議で，離婚をすることができる。」と規定していますが，離婚の届出の当時離婚意思を欠いているときは，協議離婚は無効と解されています（最判昭和34・8・7－民集13巻10号1251頁）。民法は，第742条おいて，婚姻については，「当事者間に婚姻をする意思がないとき」はその婚姻は無効であることを明示してい

ますが，協議離婚については，そのような規定を設けていません。しかし，協議離婚についても，民法第742条を類推適用しているのです。そこで，設問のように，配偶者の一方の不知の間に他方配偶者からされた協議離婚の届出が受理された場合は，その協議離婚は無効です。日本人妻が韓国人夫の署名を勝手に行って離婚の届書を作成した場合はもとより，韓国人夫が過去において一時の気まぐれから離婚届書に署名したものの，日本人妻には見せなかった当該届書を，その後数年経た後に日本人妻が利用して離婚届を作成し，届け出たような場合も同様です。

2 戸籍訂正の方法

　設問の場合は，創設的届出に瑕疵があるところ，戸籍法第114条の改正前は，同条に規定する戸籍訂正によることも検討されましたが，判例は，身分関係の無効等が親族相続法上重大な影響を与える場合は，「確定判決によって戸籍の訂正をすべきとき」に該当するものとし，戸籍訂正には，確定判決を要するものとしてきました（大決大正5・4・19-民録22輯774頁等）。これは，身分行為のような基本的法律関係の存否は，それを前提として種々の法律関係が形成されることから，できる限り対世的に画一的に確定されるのが望ましいので，身分関係の成否が親族相続法上重大な影響を与えるような場合は，確定判決により，対世的効力をもって身分関係の無効等を確定し，その上で，戸籍訂正手続により，戸籍に反映させるのが相当であると考えられたからです。このために，改正後では，同条にかっこ書を設け，協議離婚無効等の場合は，同条による戸籍訂正をすることができないものとされました。協議離婚の場合も同様であり，戸籍法第116条に定める戸籍訂正の手続によることになります。

　そこで，韓国人夫は，日本人妻を相手として，家庭裁判所に離婚無効確認の訴え（人訴2条1号）を提起することが必要ですが，その前提として，調停を申し立てることを要します（家事257条1項）。調停

において，当事者間で日本人妻が韓国人夫の不知の間に離婚届を提出したことに争いがない場合は，家庭裁判所の審判官が事実関係を確認した上で，合意に相当する審判（家事277条）がなされます。この審判も，戸籍法第116条にいう「確定判決」に該当します。当事者間に事実関係に争いがあるときは，調停は不調となり，韓国人夫は，日本人妻を相手に離婚無効確認の訴えを提起することが必要です。勝訴の確定判決を得た場合は，その裁判の謄本等を添付して戸籍訂正の申請をしますが，この申請に基づき，日本人妻の身分事項欄に記載されていた韓国人夫との離婚事項を消除します。

　上記の場合における戸籍訂正申請書式例及び戸籍記載例は，後掲の(1)・(2)のとおりです。

(1) 戸籍訂正申請書

戸 籍 訂 正 申 請

東京都千代田 市区 長 殿
町村

令和 5 年 6 月 17 日申請

受付	令和 5 年 6 月 17 日		戸 籍
	第 1202 号		調査

		本 籍	国籍 韓国	東京都千代田区平河町3丁目8番地	記載
(一)	事	筆頭者氏名		乙 原 清 子	記載調査
	件	住 所 及 び 世帯主氏名	東京都北区王子4丁目5番6号 金 昌皓	東京都千代田区神田神保町2丁目3番4号 乙原清子	送付
(二)	本	氏 名	金 昌 皓	乙 原 清 子	住民票
(三)	人	生 年 月 日	西暦1987年9月8日	平成3年7月8日	記載

	裁 判 の 種 類	離婚無効確認の審判	通知
(四)			附 票
			記載
	裁 判 確 定 年 月 日	令和 5 年 6 月 10 日	通知

(五)	訂 正 の 趣 旨	上記事件本人間の協議離婚無効の裁判確定により、乙原清子戸籍中、同人の協議離婚事項を消除する。

(六)	添 付 書 類	審判書謄本及び確定証明書

		本 籍	国籍 韓国
	申	筆頭者氏名	
(七)		住 所	東京都北区王子4丁目5番6号
	請 人	署 名 (※押印は任意)	金 昌 皓 ㊞
		生 年 月 日	西暦1987年9月8日

（注意）事件本人又は申請人が二人以上であるときは、必要に応じ該当欄を区切って記載すること。

⑵ 〔コンピュータシステムによる証明書記載例〕 妻の戸籍

本　　籍	東京都千代田区平河町三丁目8番地
氏　　名	乙原　清子

戸籍事項 　戸籍編製	【編製日】平成31年3月7日

戸籍に記録されている者	【名】清子 【生年月日】平成3年7月8日　　　　　　　【配偶者区分】妻 【父】乙原真一郎 【母】乙原春子 【続柄】長女

身分事項 　出　　生	（出生事項省略）
婚　　姻	【婚姻日】平成31年3月7日 【配偶者氏名】金昌皓 【配偶者の国籍】韓国 【配偶者の生年月日】西暦1987年9月8日 【従前戸籍】東京都千代田区平河町三丁目8番地　乙原真一郎
消　　除	【消除日】令和5年6月17日 【消除事項】離婚事項 【消除事由】夫国籍韓国金昌皓との離婚無効の裁判確定 【裁判確定日】令和5年6月10日 【申請日】令和5年6月17日 【申請人】夫 【従前の記録】 　【離婚日】令和5年4月3日 　【配偶者氏名】金昌皓 　【配偶者の国籍】韓国
	以下余白

発行番号

※　離婚事項を消除することで，引き続き婚姻状態となることが容易に読み取れるので，配偶者区分の復活に関する訂正（記録）事項の記録はしない。

問69　日本人夫Ａと外国人妻Ｂとの間に未成年の子Ｃがいる
　　事案で，夫Ａの不知の間に妻Ｂからされた協議離婚の届
　　出が受理され，夫の戸籍に離婚の記載がされるとともに，
　　子Ｃの親権者を妻Ｂとする旨の記載がされた。夫Ａは，
　　離婚自体はやむを得ないとして了承しているものの，子
　　Ｃの親権者の指定について争いたいとしている。この場
　　合，どのような手段が考えられますか。また，この場合
　　における戸籍訂正は，どのようにすべきですか。

答　　ＡはＢを相手として親権者指定協議無効確認の訴えを提起す
ることができ，その勝訴の確定判決により，Ｃの親権者の指定
の無効を対世的に主張することができます。また，当該判決の
謄本を添付して，戸籍法第116条の規定に基づく戸籍訂正を申
請し，Ｃの身分事項欄に記載されている親権事項を消除するこ
とができます。

【解 説】

1　設問における法律関係

(1)　準拠法

　設問では，関係者全員がわが国に居住しているものと思われますか
ら，それを前提に法律関係を検討します。まず，離婚の準拠法につい
ては，通則法第27条ただし書は，「夫婦の一方が日本に常居所を有す
る日本人であるときは，離婚は，日本法による。」と規定していて，
設問における離婚の準拠法は日本の民法となります。また，親権者の
指定については，通則法第32条の規定に基づき，父Ａと子Ｃの共通本
国法である日本法が準拠法となります。すなわち，いずれの関係にお
いても，準拠法は日本法となります。

⑵　離婚の追認

そこで，まず，離婚について検討しますと，配偶者の一方の不知の間に他方配偶者からされた協議離婚の届出が受理された場合は，その協議離婚は無効であるところ（民742条の類推適用），設問では，夫Ａ不知の間に協議離婚の届出がされているので，離婚は無効というほかはありません。しかしながら，このような無効の離婚であっても，当事者が後に追認した場合は，当該協議離婚は届出時にさかのぼって有効となるものと解されています（最判昭和42・12・8－家月20巻3号55頁）。

⑶　一部追認の可否

ところで，離婚するに当たり，婚姻関係の解消のほか，子の親権者の指定，財産分与，慰謝料等の法的問題について決着をつけておくことが必要です。夫婦の双方が離婚に合意しているものの財産分与や子の親権者の指定に争いがあって協議離婚ができないことがしばしばあります。そこで，婚姻関係の解消のみについて追認するものの，親権者指定については追認しないというような，一部追認が許されるかどうかが問題となります。この点を検討しますと，財産分与については，離婚後2年以内であれば，家庭裁判所に申し立てることができますし（民768条2項），離婚の慰謝料についても離婚後であっても請求することができます。しかも，これらは，協議離婚の届出に当たり，届書の記載事項にはなっていません。そこで，これらの事項については，合意が無くても婚姻関係の解消に関して追認することができることは明らかです（もとより，無断で離婚届を提出された配偶者は，これらの事項の決着が離婚の前提となると思料するときは，婚姻関係の解消のみについて追認をせず，離婚自体の無効を争うことは可能です。）。

他方，子の親権者については，協議離婚の際に夫婦の協議により，その一方を親権者と定めておくべきものとされ（民819条1項），親権者の指定は，離婚の届書の記載事項であって（戸76条1号），それを

欠く離婚届は受理することができないものとされています。そこで，親権者の指定については追認しないものの，婚姻関係の解消のみについて追認することはできないようにも思われます。しかしながら，協議離婚の際に，親権者の指定について合意ができない場合は，家庭裁判所は，協議に代わる審判を行うことができます（民819条5項）。また，親権者の指定を欠く離婚届を誤って受理した場合は，親権者の指定を欠くことを理由として協議離婚が無効となるものではなく（民765条2項），離婚自体を有効と認めており，この場合，戸籍に離婚事項を記載するものの，親権者の指定を欠くので当該事項を記載しない取扱いがされています。このようなことから，自己の不知の間に協議離婚の届出をされた元配偶者は，婚姻関係の解消について追認したことを前提として，他方配偶者を相手に親権者指定協議無効確認の訴えを提起することができるものとされています（名古屋高判昭和46・11・29-判時656号64頁，東京高判平成15・6・26-判時1855号109頁）。

2　争う方法

　設問では，日本人夫Aは，親権者指定についても追認をした後，民法第819条第6項の規定に基づき，親権者の変更を家庭裁判所に求めることが可能ですが，「子の利益のため必要がある」との要件を満たすことを要し，親権者となっている外国人妻Bについて親権の行使に当たり不行跡があること等の事由でもない限り，困難です。

　次に，親権者の指定については，当該部分の届出（創設的届出）に錯誤があるとして，戸籍法第114条の規定に基づき，戸籍訂正により，親権事項を消除し，その上で，改めてAとBとが子Cの親権者指定の協議をし，又は家庭裁判所に協議に代わる審判をしてもらうことが考えられます。この点，同条は，括弧書きで「第76条の規定によりする届出に係る行為を除く。」と規定していて，協議離婚の届出に関する戸籍法第76条の届出は，同法第114条の戸籍訂正の対象にはならないことが明示されています。そして，第76条では，協議離婚の届出に当

たり親権者の指定もしなければならないものと定めているので，第114条の括弧書きにある「第76条の規定によりする届出に係る行為」には親権者指定事項も含まれると解釈する余地があり，この解釈によるときは，当該括弧書きのために，親権者指定事項についても，第114条による戸籍訂正手続をすることができないことになります。他方，「第76条の規定によりする届出に係る行為」とは協議離婚の届出そのものに限り，親権者指定事項はこの括弧書きに含まれないとの解釈もあり得ます。しかしながら，後者のように解釈したとしても，親権者の指定という親族法上重大な影響を与えるような事項については，確定判決により，対世的効力をもって身分関係の無効等を確定しておくのが相当であるということができます。

そうすると，Aとしては，婚姻関係の解消について追認したことを前提として，Bを相手に親権者指定協議無効確認の訴えを提起し，その勝訴の確定判決により戸籍訂正をすることが相当です（前記東京高裁判決参照）。

3　戸籍訂正の方法

上記親権者指定協議無効確認の裁判の確定判決があれば，戸籍法第116条の規定による戸籍訂正の申請をすることができます。当該申請があれば，子Cの身分事項欄に記載されている親権事項を消除します。

なお，戸籍法第114条の規定に基づく家庭裁判所の戸籍訂正許可審判があれば，同条の規定に基づく訂正申請により，子Cの身分事項欄に記載されている親権事項を消除することもできます。

第8章　親権・未成年後見に関するもの

> **問70**　外国人父と日本人母との離婚後300日以内に出生した子が母の戸籍に入籍した後，父との親子関係不存在確認の裁判が確定し戸籍訂正申請がされた場合，子の親権事項の記載は，どのように処理すべきですか。

答　設問の外国人父と日本人母との離婚後300日以内に出生した子は，母の本国法であり，子の本国法でもある日本民法により嫡出子として母の氏を称し母の戸籍に入籍します。子の戸籍の身分事項欄には，子の親権者は母である旨の記載がされますが，外国人父との親子関係不存在確認の裁判が確定しても，親権者が母である旨の記載は，実体関係と合致していることから，そのままで差し支えないものと解されます。しかし，父子関係に関する戸籍訂正の申請に際し，申請書に子の親権事項を消除する旨の記載がされている場合又は後日，消除する旨の申出がされた場合は，親権事項の記載を消除して差し支えないと考えます。

【解 説】

1　渉外的嫡出親子関係の成立と子の親権者

(1)　外国人夫と日本人妻の離婚後に出生した子の嫡出性

　渉外的嫡出親子関係の成立について通則法第28条第1項は，「夫婦の一方の本国法で子の出生当時におけるものにより子が嫡出となるべきときは，その子は，嫡出である子とする。」と規定しています。つまり，子が，夫婦のいずれか一方の本国法（子の側から見れば，父母

のいずれか一方の本国法）により嫡出子とされるときは，嫡出である子とされます。そして，父や母が子の懐胎後出生時までに国籍を変更した場合は，子の出生時を基準に，その時の父又は母の本国法を準拠法としています。これは，子の嫡出性決定の問題は一回限りであるため，その出生時を基準とするのが最も実情に適しているといえるからです。わが国の国籍法では，子の出生時に父又は母が日本の国籍を有している場合は，子は日本の国籍を取得するものとしていますが（国2条1号），仮に父母ともに子の懐胎後に日本の国籍を喪失したときは，子は出生によって日本の国籍を取得しません。

　設問の子は，外国人夫と日本人妻との離婚後300日以内に出生しているため，その嫡出親子関係成立の準拠法は，前述のとおり，子の出生時の日本人妻の本国法である日本民法又は外国人父の本国法の選択的連結となります（通則法28条1項）。この場合は，まず，比較法的にみて要件が穏やかで審査しやすい日本民法を適用して判断し，これによって嫡出子となる場合は，嫡出子として取り扱うことになるので（基本通達第3の1(2)ア参照），外国人夫の本国法による審査は不要となります。

　日本民法によれば，婚姻成立の日から200日後で，かつ，離婚後300日以内に出生した子は，嫡出子です（民772条）。このことは，令和6年4月1日から施行される改正民法下においても変わりはありませんが，同日以降出生した子については，母が前婚から300日以内に再婚している場合については，子の出生の直前の婚姻にかかる夫の嫡出子と推定されます（民法772条の改正及び改正法附則3条）。しかし，改正法施行後においても，子の母は設問にいう日本人母であることに相違はありません。そして，人の氏名については，当該者の本国法が準拠法であり，子の本国法も日本法ですから，民法の規定が適用され，母の氏を称し，母の戸籍に入籍します（民790条，戸18条1項。なお，外国人父と日本人母との間の嫡出子については，「母の氏」が，これらの条

文にいう「父母の氏」です。）。

(2) 子の親権者

　嫡出子として出生した子の親権に関しては，親子間の法律関係の問題として，通則法第32条の規定により，子の本国法が父又は母の本国法と同一である場合は子の本国法，その他の場合は，子の常居所地法が準拠法となります。そして，子の出生前に父母が離婚をした場合における未成年の子に対する親権・監護権の帰属の問題についても，通則法第32条に定める親子間の法律関係の準拠法によります（基本通達第7，改訂Ⅷ第1編第1章の問5（15頁）参照）。したがって，設問のように，日本人妻が外国人夫との離婚後300日以内に出生した子は，準拠法である日本民法第819条第3項の規定により母の単独親権に服します。そして，出生の届出により入籍する母の戸籍中，子の身分事項欄には，親権者が母であることを明らかにするため，「参考記載例5」の例により親権事項を記載することとされています。なお，日本人母が外国人夫との離婚後300日以内に再婚した場合において，子が令和6年4月1日以降に出生したときは，子は，母の後婚による新戸籍に入籍し，当該後婚の夫との共同親権となります。

2　外国人父との親子関係不存在確認の裁判確定による戸籍訂正と親権事項

(1) 子と父との親子関係不存在確認の裁判確定と戸籍訂正

　外国人夫と日本人妻との離婚後300日以内に出生した設問の子は，民法第772条の規定により離婚した外国人夫によって懐胎されたとの推定を受けるため，母から嫡出子として出生の届出がされ，母の戸籍に入籍しています。なお，日本人母が外国人夫との離婚後300日以内に再婚した場合において，子が令和6年4月1日以降に出生したときは，子は，出生の直前の婚姻にかかる夫の嫡出子と推定され，母の当該後婚による新戸籍に入籍します。しかし，設問については，実際には，子の母と外国人夫とは離婚が成立する以前から別居状態等にあっ

て，夫婦が正常な婚姻関係にはなかったことから，当該子につき外国人夫との親子関係不存在確認の裁判が確定したものと思われます。このような場合，子は，民法第772条の嫡出推定を受けないものとされており（最判昭和44・5・29－民集23巻6号1064頁），嫡出否認（民法774条以下）によることなく，親子関係不存在確認の裁判によって父子関係を否定することができるからです。なお，父の本国法の関係においても，父子関係が否定される場合か，又は，父の本国法上，父子関係が切断されないことがわが国の公序に反して，父の本国法を適用しない場合でなければ，当該子につき外国人夫との親子関係不存在確認の裁判をすることができませんが，そのような裁判が確定している以上，裁判所はそのような判断をしたものと考えられます。

ところで，当該子について，上記の裁判により父子関係が否定されたとしても，子が嫡出でない子として入籍すべき戸籍は，出生当時の母の戸籍であり（民790条2項，戸18条2項），当該戸籍は，子が現に在籍している戸籍であるため，子の氏及び戸籍に変動は生じません。この場合の訂正は，父欄の記載を消除し，父母との続柄を嫡出でない子としての続柄に訂正することです（平成16・11・1民一3008号通達1）。

(2) 親権事項の消除

当該子の戸籍の身分事項欄には，その出生届出に基づき日本人母の戸籍に入籍の記載をする際に，子の親権者は母であることを明確にするために親権事項が記載されています（前記1(2)）。設問は，この親権事項について，上記の外国人父との親子関係不存在確認の裁判に基づく戸籍訂正の際にこれを消除すべきかどうかを問うものです。先にも見たとおり，設問における子の親権者は，日本人母です（前記1(2)）。このことは，当該子につき外国人父との親子関係不存在確認の裁判の確定によっても影響されることはなく，したがって，子の身分事項欄に記載された親権者は母である旨の記載（参考記載例5）は，実体関係と合致していることから，そのままで差し支えないものと解されま

す。ただし，当該子は，前記父子関係不存在確認の裁判確定により生来的に嫡出でない子であり，もともと親権に関する記載は要しないということができます。したがって，父子関係に関する当該戸籍訂正の申請の際に，申請書に子の親権事項を消除する旨の記載がされている場合，あるいは，後日，消除する旨の申出がされた場合は，親権事項の記載を消除して差し支えないものと考えます。

問71　日本人夫Ａと甲国人妻Ｂとの間に未成年の子Ｃがいる場合において，甲国の裁判所でＡＢ間の離婚判決が確定した。甲国では，離婚後も共同親権となっているため，Ｃについての親権の指定はされていなかったが，Ａが当該裁判離婚の報告的届出をする際に届書にＣの親権者をＡと記載したところ，誤ってそれが受理され，Ｃの親権者をＡとする戸籍の記載がされた。これを訂正するには，どのようにすべきですか。

　　また，当該外国判決で父母の共同親権とすべきことが定められているときは，どうですか。

答　　設問の外国判決で単独親権とされていないことが明らかですから，戸籍法第113条に定める戸籍訂正申請に基づき，子Ｃの身分事項欄に記載されている親権事項を消除します。

　　なお，当該外国判決で離婚後も父母の共同親権と定められているときは，上記戸籍訂正申請に基づき，Ａの単独親権として記載されている親権事項を父母共同親権と定められた旨に訂正します。

【解　説】

1　設問における法律関係

　設問では，外国判決があることから，その効力が問題となりますが，設問のような身分関係に関する外国判決についても，民事訴訟法第118条の規定を適用し，当該外国判決が同条に定める要件を満たしているときは，そのまま尊重して，わが国でも承認し，この場合，通則法に定める準拠法が適用されているかどうかの再チェックは必要ないものとされています（その詳細は，改訂Ⅰ第1章の問41（155頁）参照）。

設問では，Aは，戸籍法第77条第1項，第63条の規定に基づき，離婚に関する報告的届出をしたところ，これが受理されているので，当該外国判決は，民事訴訟法第118条に定める要件を満たしているものと考えられます。なお，設問では，子Cは，父Aの戸籍に入籍していることから，日本国籍を有していることは明らかです。また，母Bの国籍も取得しているものと考えられますが，AとCの本国法はいずれも日本法であることから（通則法38条1項），わが国の立場では，通則法第32条の規定に基づき，親権者の指定の準拠法は日本法となり，離婚に際し，父母のいずれか一方を親権者と指定することが必要です。しかし，この点に関する裁判がなくても設問の外国判決はわが国の公序に反するものではありません。ちなみに，外国離婚判決中に，離婚後の未成年子の親権は父母が共同で行使する旨の定めがあるときは，子の身分事項欄に親権事項の記載を要し，その記載例は，

| 親　　　権 | 【親権者を定められた日】令和○年○月○日
【親権者】父及び母 |

とするのが相当であるとされています（昭和58・3・7民二1797号回答）。
　そこで，設問の外国判決において，親権者が指定されていないときは，Cの身分事項欄に親権事項を記載すべきではなかったものであり，また，当該判決において，父母の共同親権とすべきことが定められていたときは，Cの身分事項欄にその旨を記載すべきであったということができます。
　もっとも，前記のとおり，通則法が指定する親権の準拠法は日本法ですから，設問の外国判決で親権者が指定されていなかったときは，ABは，民法第819条第1項の規定に基づき，改めて協議によりCの親権者をABいずれかに指定したり，同条第5項に基づき家庭裁判所の協議に代わる審判により親権者を指定すべきことを求めることができます。また，当該外国判決において，父母の共同親権とすべきこと

が定められていたときは，同条第6項に基づき，家庭裁判所に対し，ＡＢいずれかの単独親権とすべきことを求めることができます。

2 戸籍訂正の方法

　設問の場合，外国判決によって離婚後も夫婦共同親権とすることが確定しており，戸籍の記載のみが誤ったものということができます。そこで，戸籍の訂正手続は，戸籍法第113条に定める方法によるのが相当です。したがって，Ｂ又はＡは，家庭裁判所の許可審判を得て，Ｃの身分事項欄にある親権事項の消除（外国判決が親権者を指定していない場合）又は父母共同親権である旨の記載への訂正（外国判決が父母共同親権と定めている場合）を申請することができます。

> 問72　日本人未成年者の後見人に就職した外国人が，日本に帰化したため，被後見人の身分事項欄にその旨の記載方申出があった場合，どのように処理すべきですか。

答　日本人未成年者の後見人である外国人が日本に帰化した際に，未成年後見人であることが判明している場合，市区町村長は，帰化届書に添付されていた帰化者の身分証明書に基づいて，職権で未成年被後見人の戸籍の身分事項欄に未成年後見人の帰化事項を記載します。

　　また，帰化後に未成年後見人であることが判明した場合には，帰化した未成年後見人本人が，未成年被後見人の本籍地市区町村長に対し，帰化後の戸籍謄本（全部事項証明書）を添付して，未成年後見人が帰化した旨の申出をすることにより，未成年被後見人の戸籍の身分事項欄に未成年後見人の帰化事項を記載します。

【解 説】

1　渉外未成年後見の準拠法と戸籍の記載

(1)　未成年後見の準拠法

　未成年者について，親権者である父母が死亡又は所在不明等により親権を行使することができないときは，後見によって保護する必要があります。つまり，未成年後見の目的は，心身共に未熟な未成年者の保護にありますから，固定的・統一的に規律されることが望ましいといえます。そして，一般的には，被後見人の本国法に従ってなされるのが最もよくその目的を達することができるといえることから（改訂Ⅷ第1編第2章の問20（67頁）参照），わが国でも後見は原則として被後見人の本国法によることとされています（通則法35条1項）。した

がって，未成年被後見人が日本人の場合は，日本民法が準拠法となりますが，未成年者の後見人についてわが国の民法に外国人を排除する規定はありませんから，設問のように外国人も日本人の未成年後見人になることができます。

(2) 戸籍の記載

　未成年者の後見に関する事項は，未成年被後見人につき重要な事項であり，戸籍によって公示されます。外国人が未成年後見人に就職した場合に，日本人である未成年被後見人の戸籍に記載される後見事項は，基本的に日本人が未成年後見人に就職した場合と同様ですが，未成年後見人の戸籍の表示（本籍の記載）に代えて同人の国籍と生年月日が記載（記録）されます。その戸籍の記載事項は，裁判所書記官からの戸籍の記載嘱託（民840条，家事規76条1項）又は未成年者の後見開始届（民839条，戸81条1項）に基づいて未成年被後見人である未成年者の戸籍の身分事項欄に記載（記録）されます。しかし，未成年後見人が日本人の場合であっても，その戸籍には，同人が未成年後見人に就職したことについては，何も記載（記録）されません（戸規35条5号）。それは，未成年被後見人の戸籍を見れば，その者が制限能力者であること，また，未成年後見人はだれであるかが明らかにされるからです。

　設問の未成年者の戸籍の身分事項欄には，戸籍の記載嘱託又は未成年者の後見開始届に基づき「法定記載例118〜123」の例により，未成年後見人に就職した外国人の国籍，氏名及び生年月日等が記載されています。

2　未成年後見人である外国人の帰化と戸籍の記載

(1) 未成年後見人である外国人の帰化

　未成年後見人が日本人の場合は，未成年後見人の表示（例えば，本籍，筆頭者の氏名等）に変更が生じても未成年被後見人の戸籍には，何らの記載もされません。この点は，未成年後見人である外国人が帰

化した場合も未成年後見人の表示の変更と同様とみれば，その未成年後見人の帰化後の戸籍にはもとより，未成年被後見人の戸籍にも何ら記載を要しないことになりそうです。

(2) 帰化事項を記載する必要性

しかし，未成年後見人である外国人が帰化した場合は，未成年被後見人の戸籍には，未成年者の後見開始当時の未成年後見人の表示として，その国籍，氏名及び生年月日が記載されているにすぎません（前記1(2)）。そうすると，未成年後見人が帰化し，戸籍を有することとなったとしても，そのことを未成年被後見人の戸籍に反映しない限り，未成年後見人の帰化後の現在の表示である本籍，氏名を把握することができないという事態が生じます。そこで，未成年後見人である外国人が帰化した場合は，未成年被後見人の戸籍に未成年後見人の帰化事項を記載する必要性が認められます。なお，日本人が未成年後見人に就職している場合において，本籍や氏名に変更が生じたとしても，未成年者の身分事項欄に記載されている従前の未成年後見人の本籍・氏名の記載から，同人の現在の戸籍を追跡することができ，この点が，外国人が日本人に帰化した場合と異なります。

(3) 帰化の際に未成年後見人であることが判明している場合

帰化を許可された者には，法務局又は地方法務局の長から，帰化者の新戸籍に身分事項を記載する基礎となる「帰化者の身分証明書」が交付され，帰化の届出の際は，これを届書に添付することを要するとされています（昭和30・1・18民事甲76号通達）。

ところで，帰化の届書に記載する事項の中には，戸籍法第102条の2で準用する第102条第2項第5号の「その他法務省令で定める事項」があります。これを受けた戸籍法施行規則第58条の3第1項第5号によると，「現に未成年者である者についての親権又は未成年者の後見に関する事項」とありますが，未成年後見人についての規定はありません。しかし，戸籍実務では，帰化の際に帰化者が未成年後見人であ

ることが明らかにされた場合は，身分証明書の参考事項欄に，未成年被後見人の戸籍の表示及び身分事項欄に記載する未成年後見人の帰化事項が記載されます。したがって，未成年後見人の帰化後の本籍と未成年被後見人の本籍が同一市区町村であるときは帰化届により，また，本籍地が異なるときは，帰化届の「その他」欄に未成年被後見人の後見事項中の帰化者の国籍及び氏名を帰化後の本籍及び氏名に訂正されたい旨の申出をすることにより，未成年後見人の帰化に関する事項が記載されることになります。

(4) 帰化後に未成年後見人であることが判明した場合

　未成年後見人が帰化の際に未成年後見人に就職していることを明らかにしなかった場合は，帰化届と同時に未成年被後見人の戸籍に未成年後見人の帰化事項を記載することはできません。この場合において，帰化した未成年後見人が，未成年被後見人の本籍地の市区町村長に対し，帰化後の戸籍謄本（全部事項証明書）を添付のうえ，帰化した旨の申出をしたときは，その申出に基づいて，帰化事項を記載します。この場合の申出書式及び戸籍記載例は，後掲の(1)・(2)のとおりです。なお，未成年後見人の戸籍に記載されている帰化前に称していた氏名と，未成年被後見人の戸籍に記載されている未成年後見人の氏名が異なるときは，帰化許可の官報告示の写しも添付することが必要です（昭和40・5・8民事甲984号回答）。

⑴ 申出書

申 出 書

東京都港 市⑫長 殿
　　　　　町村

令和 5 年 10月 23日申出

受付	令和 5 年 10月 23日	戸　籍	
	第　　4767　　号	調査	

					記載	
㈠	事件本人	本　　籍	東京都港区東麻布2丁目11番地		記載調査	
		筆頭者氏名	甲　野　義　雄			
㈡		住所及び世帯主氏名	東京都港区芝1丁目5番7号　山形マリア		送付	
㈢		氏　　名	甲　野　雄　太		住民票	
		生年月日	平成25年7月6日		記載	
㈣	申出の事由		上記事件本人の未成年後見人ベルナール、マリアは、令和5年10月19日帰化したので、その旨を記載するよう申出する。		通知	
					附　　票	
					記載	
					通知	
㈤	申出する事項		上記事件本人の身分事項欄に、未成年者の後見 【未成年後見人】山形マリア 【記録日】令和5年10月23日 【特記事項】令和5年10月19日未成年後見人山形マリア（新本籍東京都港区芝一丁目5番）帰化 と記録する。			
㈥	添付書類		山形マリアの戸籍謄本			
㈦	申請人	本　　籍	東京都港区芝1丁目5番			
		筆頭者氏名	山　形　和　彦			
		住　　所	東京都港区芝1丁目5番7号			
		署　　名 （※押印は任意）	山　形　マリア　㊞			
		生年月日	昭和61年2月3日			

（注意）事件本人が二人以上であるときは、必要に応じ該当欄を区切って記載すること。

⑵ 〔コンピュータシステムによる証明書記載例〕　事件本人の戸籍の身分事項欄

　全部事項証明

本　　　籍	東京都港区東麻布二丁目１１番地
氏　　　名	甲野　義雄

戸籍事項 　　戸籍編製	（編製事項省略）

戸籍に記録されている者	【名】雄太 【生年月日】平成２５年７月６日 【父】甲野義雄 【母】ベルナール，ミラー 【続柄】長男
身分事項 　　出　　生	（出生事項省略）
未成年者の後見	【未成年後見人就職日】平成３０年９月６日 【未成年者の後見開始事由】親権を行う者がいないため 【未成年後見人】ベルナール，マリア 【未成年後見人の国籍】アメリカ合衆国 【未成年後見人の生年月日】西暦１９８６年２月３日 【届出日】平成３０年９月９日
未成年者の後見	【未成年後見人】山形マリア 【記録日】令和５年１０月２３日 【特記事項】令和５年１０月１９日未成年後見人山形マリア 　　（新本籍東京都港区芝一丁目５番）帰化
	以下余白

発行番号

第9章　国籍の得喪に関するもの

第1　市区町村長限りの職権でする訂正

> **問73　帰化届によって編製された戸籍の帰化者の身分事項欄に帰化前の氏名の記載を遺漏していることが判明した場合，どのように訂正処理をすべきですか。**

答　帰化者は，帰化後に称すべき氏名を新たに定めることができます。帰化前と異なる氏名を帰化後の氏名として定めた場合は，新旧の氏名の関連を明らかにする必要から，帰化の届書には，帰化後の氏名及び従前の氏名の双方を届け出なければならないとされ，その者の戸籍の身分事項欄の帰化事項中に，帰化の際の国籍とともに「【従前の氏名】何某」の振り合いによる記載をします（法定記載例176，参考記載例175）。

　設問の事例は，この帰化前の氏名を帰化事項中に遺漏している場合の訂正の方法を問うものです。この場合，その記載の遺漏は帰化の届書により明白であることから，市区町村長限りの職権により帰化前の氏名を追加して記載する戸籍訂正をします。

【解　説】

1 ・ 帰化の届出

　日本国籍を取得する場合としては，大きく分けて，出生による取得（国2条），帰化による取得（国4条）及び法務大臣への届出による取得（国3条・17条）等があります。帰化による国籍取得の場合は，法務大臣の許可を得ることを要し（国4条2項），そして，法務大臣から帰化を許可された外国人は，官報告示の日に日本国籍を取得し，日

本国民たる資格を取得します（国10条）。

　帰化が許可された者については，日本人として戸籍に記載し，その身分関係を公証しなければならないため，官報告示の日から１か月以内に，市区町村長に対し帰化の届出を要します（戸102条の２，戸規58条の３）。帰化の届書には，帰化前の身分事項を証する書面として，法務局又は地方法務局の長が発行した「帰化者の身分証明書」（戸籍法38条２項の許可書の謄本にも該当）を添付すべきものとされており（昭和30・１・18民事甲76号通達ほか），また，戸籍の記載は，基本的には同証明書の記載に基づいてすることとされています（昭和59・11・１民二5500号通達第３の２(1)）。

　帰化した者は，新たに氏名と本籍を定めることが必要ですが，その選定は自由です（氏につき大正14・１・28民事34号回答）。

　帰化者については，既存の戸籍（すなわち，父母の戸籍又は夫（又は妻）の戸籍）に入籍する場合を除き，原則として，新戸籍が編製されます（戸22条）。なお，帰化の届出方法，戸籍の編製・入籍・記載処理等の詳細については，改訂Ⅷ第４編第２章の問84（270頁），問85（272頁）を参照願います。

２　設問の事例

　帰化者は，前記のとおり，帰化後に称する氏名を自由に定めることができますが，従前と異なる氏名を帰化後の氏名と定めた場合は，新旧の氏名の関連を戸籍上で明確にしておく必要があります。このため，帰化の届書には，帰化後の氏名とともに従前の氏名を記載することとされ，これに基づき戸籍の記載がされます（昭和28・６・24民事甲1062号通達）。

　戸籍の身分事項欄には，帰化事項中に，「【帰化の際の国籍】」に続けて「【従前の氏名】何某」の振合いによる記載をします（法定記載例176）。なお，帰化者は，帰化後には，従前の氏名中の氏又は名の一方について，従前とは異なる氏又は名を称することもできますが，そ

の場合も，「【従前の氏名】」の振合いによる記載となります。

　設問は，「従前の氏名」の記載を，帰化事項中に遺漏している事例です。この場合，その遺漏は，市区町村長の過誤に起因することは届書類の記載によって明白であり，かつ，その訂正は身分事項に影響を及ぼす事項ではないので，管轄法務局長等の許可を要することなく市区町村長限りの職権で訂正できます（戸24条3項）。なお，帰化前の氏名を戸籍に誤記している場合についても，本例に準じて訂正することができます。

3　戸籍の訂正処理

　市区町村長が職権で戸籍訂正をする場合は，訂正の原由となるべき「戸籍訂正書」（標準準則39条・付録31号書式）を作成の上，これに基づいて訂正することとされています。

　設問の場合の戸籍訂正の具体的処理例は，後掲の(1)・(2)のとおりです。

　なお，帰化者である届出人が，この戸籍訂正を認識していない場合は，戸籍法施行規則第47条の2による連絡を行います（令和2・4・3民一544号通達第1の3）。

(1) 戸籍訂正書

<table>
<tr><td rowspan="7" colspan="2" align="center">戸 籍 訂 正 書</td><td colspan="2">受</td><td colspan="2">令和 5 年 10 月 15 日</td><td colspan="2">戸　　籍</td></tr>
<tr><td colspan="2">付</td><td colspan="2">第　　81126　　号</td><td>調査</td><td></td></tr>
</table>

(一) 事件本人	本　　籍	東京都千代田区大手町1丁目2番地	記載
	筆頭者氏名	甲 野 太 郎	記載調査
(二)	住所及び世帯主氏名	東京都千代田区平河町1丁目1番1号　甲野太郎	送付
(三)	氏　　名	甲 野 太 郎	住民票
	生年月日	昭和63年12月6日	記載
(四) 訂正・記載の事由		事件本人は、令和5年7月22日日本国に帰化し、同月26日に当職にその届出があったが、同人の帰化事項中「従前の氏名金裕一」の記録を遺漏したので、その記録をする。	通知
			附　票
			記載
			通知
(五) 訂正・記載の趣旨		帰化事項中、帰化の際の国籍韓国の次に「従前の氏名金裕一」と記録する。	
(六) 添付書類		帰化届書の謄本	

　上記のとおり職権によって訂正する。

　　令和 5 年 10 月 15 日

東京都千代田区長　千代田太郎　[職印]

⑵ 〔コンピュータシステムによる証明書記載例〕 帰化した者の戸籍

	決 裁 用 帳 票

本　　籍	東京都千代田区大手町一丁目2番地
氏　　名	甲野　太郎

戸籍事項 　戸籍編製	【編製日】令和5年7月26日

戸籍に記録されている者	【名】太郎 【生年月日】昭和63年12月6日 【父】金大雪 【母】崔順姫 【続柄】長男

身分事項 　出　　生	（出生事項省略）
帰　　化	【帰化日】令和5年7月22日 【届出日】令和5年7月26日 【帰化の際の国籍】韓国 【従前の氏名】金裕一
訂　　正	【訂正日】令和5年10月15日 【訂正事由】記録遺漏 【記録の内容】 　　【従前の氏名】金裕一
	以下余白

発行番号

> **問74** 夫婦の一方が外国に帰化し，国籍喪失の届出によりその記載がされたが，他方の配偶者の身分事項欄にすべき一方配偶者の国籍の記載をしていないことが判明した場合，どのように訂正処理をすべきですか。

答　夫婦の一方が外国に帰化し，国籍喪失の届出に基づき本人の戸籍の身分事項欄に，外国国籍の取得を原因とする国籍喪失事項を記載する際には，他方の日本人配偶者の身分事項欄に，配偶者の国籍に関する事項を記載することとされています（戸規36条2項）。

　　設問は，上記の戸籍の記載を遺漏した事例ですが，この場合，その遺漏は，市区町村長の過誤によるものであることは届書類によって明らかであるため，市区町村長限りの職権で訂正することができます。訂正処理の方法等は，解説のとおりです。

【解　説】

1　日本国籍の喪失

　国籍法は，日本国籍を喪失する場合として，①外国への帰化，外国の市民権の取得など自己の志望による外国国籍の取得（国11条1項），②重国籍者の外国国籍の選択（国11条2項），③重国籍者の日本国籍の離脱（国13条1項），④日本国籍の不選択（国15条3項），⑤日本国籍の喪失宣告（国16条2項・5項）等を規定しています。

　これらの事由によって日本国籍を喪失した場合は，その者を速やかに戸籍から消除する必要があるため，戸籍法第103条に規定する届出義務者からの国籍喪失の届出，あるいは戸籍法第105条の規定に基づく官公署からの国籍喪失の報告等によって，その者の戸籍に国籍喪失の事項を記載して除籍するものとされています（戸23条，法定記載例

177, 179〜182)。

　ところで，日本人夫婦の一方が前記の事由により日本の国籍を喪失したときは，他方の配偶者は，「外国人を夫又は妻とする者」に該当することとなるので，「その者の身分事項欄に，夫又は妻の国籍に関する事項を記載しなければならない」ことになります（戸規36条2項，参考記載例190）。外国人と婚姻した日本人配偶者について，このように外国人配偶者の国籍に関する事項を記載することとした理由は，現行国籍法はいわゆる夫婦国籍独立主義を採用しており，外国人は日本人と婚姻しても日本国籍を取得しないことから，戸籍上夫婦が同籍することはないため，「婚姻に関する事項」のみでは外国人配偶者の特定に十分ではないこと等のため，日本人配偶者の身分事項欄に，外国人配偶者の国籍に関する事項も記載することによって当該本人を特定することとし，さらにはその夫婦間の出生子の嫡出性，国籍の認定，ひいては本国法の特定等に支障を生じないようにしたというものです。そして，日本人夫婦の一方が前記の事由により日本の国籍を喪失したときも，これに該当します。

2　設問の事例

　設問の事例は，日本国籍を喪失した者の配偶者（日本人）の身分事項欄に，国籍喪失者である夫（又は妻）の国籍の記載を遺漏している場合です。この場合，当該戸籍記載の遺漏は，市区町村長の過誤によるものですが，このことは，基本の国籍喪失届書類によって明白といえるでしょう。ちなみに，戸籍の記載の錯誤又は遺漏の明白性が，戸籍の届書によって確認できる場合には，管轄法務局長等の許可を要することなく，市区町村長限りの職権で訂正することが認められています（戸24条3項，参考として昭和47・5・2民事甲1766号通達参照）。

　設問の事例も，上記の場合に該当するものと解されるので，市区町村長限りの職権で訂正して差し支えないと考えます（昭和26・3・27民事甲613号回答）。

3　戸籍訂正の処理手続等

　市区町村長限りの職権で戸籍の訂正をするときは，訂正が正確に行われたことを事後に審査するための資料として，「戸籍訂正書」（標準準則39条・付録31号書式）を作成の上，これに基づいて訂正することとされています〔注〕。

　設問の事例についても同様ですが，その具体的処理例は，後掲の(1)・(2)のとおりです。

〔注〕　外国人配偶者について国籍の変動があった場合は，その旨の申出により日本人配偶者の身分事項欄に，

配偶者の国籍変更	【記録日】令和5年10月30日 【変更事由】夫（妻）帰化によりオーストラリア国の国籍取得 【変更後の国籍】オーストラリア国

　の振合いによる記載をすることとされています（昭和31・5・18民事甲1045号回答参照）。

(1) 戸籍訂正書

<table>
<tr><td colspan="2" align="center">戸 籍 訂 正 書</td><td>受</td><td>令和 5 年 9 月 24 日</td><td>戸　籍</td></tr>
<tr><td></td><td></td><td>付</td><td>第　　4901　　号</td><td>調査</td></tr>
</table>

（一） 事 件 本 人	本　　籍	東京都千代田区平河町1丁目5番地	記載
	筆頭者氏名	甲　野　太　郎	記載 調査
（二）	住所及び 世帯主氏名	東京都千代田区永田町1丁目1番1号　甲野洋子	送付
（三）	氏　　名	甲　野　洋　子	住民票
	生年月日	平成8年8月7日	記載
（四）	訂正・記載 の 事　由	上記戸籍の筆頭者甲野太郎は令和5年5月10日アメリカ合衆国に帰化し、日本国籍を喪失したとして同年6月30日国籍喪失届があり、除籍されたが、その際に事件本人の身分事項欄に夫の国籍の記録を遺漏したため、その記録をする。	通知 附　票 記載 通知
（五）	訂正・記載 の 趣　旨	事件本人の身分事項欄に「夫国籍アメリカ合衆国」と記録する。	
（六）	添　付　書　類	国籍喪失届書謄本	

　　上記のとおり職権によって訂正する。

　　　令和 5 年 9 月 24 日

　　　　　　　　東京都千代田区長　千代田太郎　[職印]

(2) 〔コンピュータシステムによる証明書記載例〕 夫婦の戸籍

全 部 事 項 証 明

本　　籍	東京都千代田区平河町一丁目5番地
氏　　名	甲野　太郎
戸籍事項 　　戸籍編製	（編製事項省略）
戸籍に記録されている者 [除　籍]	【名】太郎 【生年月日】平成6年10月1日　　　【配偶者区分】夫 【父】甲野一郎 【母】甲野松子 【続柄】長男
身分事項 　　出　　生	（出生事項省略）
婚　　姻	（婚姻事項省略）
国籍喪失	【国籍喪失日】令和5年5月10日 【喪失事由】アメリカ合衆国の国籍取得 【届出日】令和5年6月30日 【届出人】親族　甲山花子
戸籍に記録されている者	【名】洋子 【生年月日】平成8年8月7日　　　【配偶者区分】妻 【父】乙山三郎 【母】乙山稲子 【続柄】長女
身分事項 　　出　　生	（出生事項省略）
婚　　姻	（婚姻事項省略）
配偶者の国籍喪失	【配偶者の国籍】アメリカ合衆国 【記録日】令和5年9月24日
	以下余白

発行番号

第2　戸籍法第24条第2項の許可を得てする訂正

> **問75**　日本人父母の間にブラジル国で出生した子につき，国籍留保の意思表示がなく，かつ，届出期間経過後の出生届によって戸籍の記載がされているものであることが判明した場合，どのように訂正処理をすべきですか。

答　設問のように，所定の期間内に国籍留保の届出が適法にされなかった場合，当該子は，出生の時にさかのぼって日本の国籍を喪失するのが原則ですが，届出人の責めに帰することのできない事由により届出を遅延した場合には，届出人から国籍留保の追完届出をすることが認められています。そこで，設問については，上記の追完届出が認められるか否かにより戸籍訂正の処理方法等が異なります。その戸籍訂正の具体的処理の方法等については，解説のとおりです。

【解 説】

1　国籍の留保制度

　国籍法は，出生により外国の国籍を取得した日本国民で国外で出生した者は，戸籍法の定めるところにより日本の国籍を留保する意思を表示しなければ，出生の時にさかのぼって日本の国籍を喪失すると規定しています（国12条）。これは，日本国民の国外出生子で出生によって重国籍となった者については，戸籍法の規定に従って，出生の届出とともに国籍を留保する届出（戸104条）をしない限り，出生の時にさかのぼって日本の国籍を喪失するものとして，重国籍の防止・解消を図ることを目的とするものです。

　この届出の対象となる子の範囲は，生地主義国（父母の国籍に関わりなく，自国内で出生した者にはすべて自国の国籍を付与するとする国）

で出生した子に限らず，事由のいかんを問わず，国外において出生したことにより日本国籍のほか外国の国籍を取得した子（例えば，出生による国籍の取得につき血統主義を採用する国に属する者と，日本国民との間に出生したことにより二重国籍となる子など）が含まれます。

2 国籍留保の届出

国籍留保の意思表示（届出）は，出生の届出をすることができる者（戸52条3項の規定によって届出をすべき者を除く。）が，子の出生の日から3か月以内に，出生の届出とともに日本国籍を留保する旨を届け出る（通常は，当該出生届書に「日本国籍を留保する」旨を記載してする。）ことによってしなければなりません（戸104条1項・2項）。ただし，天災その他届出人の責めに帰することができない事由（改訂Ⅳ第1編第3章の問32（95頁以下）参照）によって所定の期間内に届出をすることができないときは，届出ができるようになった時から14日以内にすることができます（戸104条3項）。

国籍留保の届出人について，上記のとおり一定の者に限定されているのは，このような国籍の得喪に関する重要事項については，出生子と密接な関係にある父母や法定代理人にその決定をさせるのが相当とされていることによるものです。

なお，国籍留保の届出期間を徒過したときは，これによって国籍を留保する権利は消滅し，出生の時にさかのぼって日本の国籍を喪失します。したがって，出生の届出自体も受理することができません（大正13・11・14民事11606号回答）。

3 設問の事例

設問の事例は，生地主義国であるブラジル国で出生した日本人父母間の子につき，国籍留保の意思表示（届出）がなく，かつ，法定の届出期間経過後にされた出生の届出が誤って受理され，戸籍に記載された場合の戸籍訂正の方法を問うものです。

4　設問の事例の戸籍訂正とその対応等

(1)　戸籍訂正の原則的考え方

　設問のように，国籍留保の届出を要する出生子について，所定の期間内にその届出がされない場合には，当該子は，その出生時に遡及して日本国籍を失う（前記1参照）ため，戸籍に記載されることはありません。これに違背してされた戸籍の記載は，原則として，戸籍法第113条による戸籍訂正の手続によって訂正消除することを要します（大正3・12・28民893号回答，昭和26・3・6民事甲407号回答）。

(2)　設問の場合の戸籍訂正の処理方法

　設問の出生子についても，所定の期間内に出生届出等がされなかったために，前記(1)の場合に該当し，前同様の戸籍訂正の対象となります。しかしながら，その訂正手続方法等については，別の観点からの検討が必要です。

　設問の出生届については，その受理市区町村長において，本来であれば，届出人に対し，当該出生届には，①国籍留保の届出を要すること，②同留保の届出期間は既に経過しているが，天災その他届出人の責めに帰することのできない事由があるときは，期間の伸長（緩和）が認められること等を説明し，国籍留保について（出生届をするからには，国籍留保の意思があるのが通常と考えられる。）の追完届出をするよう促すべきであったといえます。国籍留保の届出期間の徒過は，日本国籍の遡及的喪失という重大な効果を伴うものであるだけに，特に上記のような配慮が望まれるところ，設問は，その配慮を欠いたまま誤って当該出生届を受理し，戸籍の記載をしたというものです。このような観点から，設問の事例については，本籍地の市区町村長は，次の方法等により訂正処理を行うのが相当と解されます。

　ア　国籍留保の追完届に基づく戸籍訂正

　　①　届出人に対し，先の出生届出をする際に，届書に国籍留保の旨の記載を遺漏し，かつ，自己の責めに帰することのできない

事由で届出を遅延したのであれば，その「遅延理由書」（又は申述書）を添付して国籍留保の追完届出をするよう通知する（戸44条1項・24条1項）。

② 届出人から，国籍留保の追完届出（遅延理由書添付）がされたときは，届出（出生及び国籍留保届出）の遅延事由の有無の判断（認定）に適正を期するため，管轄法務局長等に対し，当該追完届出につき受理照会及び出生事項につき戸籍訂正（すなわち，当該追完届の受理が認められるときは，出生事項中に届出の遅延事由（法定記載例4参照）を補完するための訂正を要することとなる。）の許可を申請する（戸24条2項，標準準則22条・23条）。

③ 管轄法務局における調査の結果，当該届出（基本の出生届及び追完に係る国籍留保届）が戸籍法第104条第3項に規定する届出と認定され，追完届について受理の指示及び戸籍訂正について許可がされたときは，当該追完届及び戸籍訂正許可書について受理の手続（戸規21条，標準準則29条・32条）を行った上，父母の戸籍における事件本人（子）の出生事項に続けて「国籍留保届出」をする旨の追完事項を記載するとともに，出生事項中に「責めに帰することのできない事由のため期間経過」の旨を挿入補記することとする（昭和38・5・30〜31兵庫県戸住協決議，昭和56・2・23民二1255号回答，木村三男『改訂設題解説戸籍実務の処理ⅩⅫ戸籍訂正総論編』305頁以下参照）。

　　なお，上記の場合における戸籍訂正の具体的処理例は，後掲のⅠの(1)ないし(3)のとおりです。

イ　国籍留保の追完届の受理が認められない場合（又は届出人が国籍留保の追完届をしない場合）の戸籍訂正

　　管轄法務局において，当該出生及び国籍留保の届出の遅延事由の有無について調査の結果（前記アの③参照），その遅延事由が，届出人の責めに帰することのできない事由には該当しないと認定

され，国籍留保の追完届出につき不受理（したがって，同届出の受理を前提とする出生事項の戸籍訂正許可申請（前記アの②参照）について不許可）と決定された場合には，日本人父母の戸籍における事件本人（子）の記載は錯誤となるため，その記載を全部消除しなければならないこととなる。その戸籍消除の訂正は，本人の利害に重大な影響を及ぼす事項であるため，市区町村長は，まず，当事者に対し戸籍法第113条の規定による戸籍訂正手続をとるよう通知すべきである（戸24条１項）。そしてもし，当事者がこれに応じない場合は，市区町村長は，管轄法務局長等の許可を得て職権で訂正することとなる（戸24条２項）。また，この訂正処理を行ったときは，遅滞なく届出人又は事件本人にその旨及び事件本人については国籍の再取得（国17条）の途があることを通知しておくこととする。

　以上の戸籍訂正の処理手続等は，届出人が国籍留保の追完届出（前記アの①参照）に応じた場合でも同様である。

　なお，当事者から戸籍法第113条の規定による戸籍訂正申請がされないため，市区町村長が，同法第24条第２項の規定に基づき管轄法務局長等の許可を得て訂正する場合の処理例は，後掲のⅡの(1)・(2)のとおりです。

Ⅰ 国籍留保の追完届出の受理が認められた場合の戸籍訂正

(1) 追完届書

追 完 届

東京都千代田区 市区 町村 長 殿

令和 5 年 9 月 10 日届出

受附	令和 5 年 9 月 10 日	第 889 号
書類調査	戸籍記載 記載調査	附 票 住 民 票 通 知

	種　類	出生届	届出の年月日	令和 5 年 8 月 8 日	基本届出事件の受付年月日	令和 5 年 8 月 8 日
(一)					及び受付番号	第 645 号
(二)	届　出　人	甲　野　新太郎				
(三)	本　籍	東京都千代田区平河町二丁目8番地				
	筆頭者氏名	甲　野　新太郎				
(四)	住所及び世帯主氏名	東京都千代田区富士見三丁目4番6号　甲野新太郎				
(五)	氏　名	甲　野　和　夫				
	生年月日	令和 5 年 4 月 5 日				

左側項目欄:
- 追完を要する届出事件
- 事件本人

(六)	追完の事由	事件本人について届出人の責めに帰することのできない事由により届出期間経過後に日本国籍を留保する意思で届出をしたが、届書に国籍を留保する旨の記載及び届出遅延の事由を記載した申述書の添付を遺漏した。
(七)	追完する事項	事件本人のため日本国籍を留保する。　なお、届出人の責めに帰することのできない事由により届出遅延の理由を記載した申述書及び出生証明書の入手遅延についての医師の証明書を添付する。
(八)	添付書類	申述書、事件本人の出産に立ち会った○○○病院長の「出生証明書交付の遅延証明書」

(九)	届出人	本　籍	⎫
		筆頭者氏名	⎬ 事件本人に同じ
		住　所	⎭
		届出人の資格及び署名（※押印は任意）	父　甲　野　新太郎　㊞
		生年月日	平成 2 年 2 月 17 日

（注）　1　事件本人の出生届及び国籍留保の追完届は、事件本人の出生後に親子が日本に帰国した後に本籍地にした例である。
　　　　2　この追完届については、管轄法務局の長から「受理して差し支えない。」旨の指示を得た上で、受理の手続をとったものである。

(2) 戸籍訂正許可申請書

戸 籍 <u>訂正</u> <u>記載</u> 許可申請	受付	令和 5 年 9 月 29 日	戸　籍	
		第　834　号	調査	

東　京 法務局長	戸発第 765 号 令和 5 年 9 月 11 日 申請		記載	
甲　山　司　郎　殿	東京都千代田区長　千代田太郎　[職印]		記載 調査	

(一)	事件本人	本　籍	東京都千代田区平河町二丁目8番地	送付 通知	
		筆頭者氏名	甲　野　新太郎	住民票	
(二)		住所及び 世帯主氏名	東京都千代田区富士見三丁目4番6号　甲野新太郎	記載	
(三)		氏　名	甲　野　和　夫	通知	
		生年月日	令和5年4月5日	附　票	

(四)	訂正・記載 の 事由	事件本人は、令和5年4月5日ブラジル国サンパウロ市で出生しているため、日本国籍を留保するにはその届出を要するところ、同届出期間経過後で、かつ、国籍留保の旨の記載を欠く出生届を受理して戸籍に記載をした。このたび、届出人父から事件本人のため日本国籍を留保する旨の追完届がされたので、貴職の許可を得て事件本人の身分事項欄に国籍留保に関する記載をするとともに、出生事項を訂正したい。	記載	
			通知	

(五)	訂正・記載 の 趣旨	上記戸籍の事件本人について、下記のとおり戸籍の記録及び訂正をする。 事件本人の身分事項欄 　　追　完　【追完日】令和5年9月10日 　　　　　　【追完の内容】国籍留保 　　　　　　【届出人】父 　　　　　　【記録の内容】 　　　　　　　【国籍留保の届出日】令和5年9月10日 　　　　　　　【特記事項】令和5年9月29日記録 　　訂　正　【訂正日】令和5年9月29日 　　　　　　【許可日】令和5年9月27日 　　　　　　【記録の内容】 　　　　　　　【特記事項】責めに帰することのできない事由のため期間経過 と記録する。
(六)	添付書類	事件本人の戸籍謄本（全部事項証明書）、出生届書謄本、届出人父の申述書

上記申請を許可する。	戸乙第　897　号
令和 5 年 9 月 27 日	
東　京 法務局長　甲　山　司　郎　[職印]	

（注）　父からされた国籍留保の旨の追完届については，その受理照会を受けた管轄法務局の調査の結果，届出遅延の事由が，届出人の責めに帰することのできない事由に該当すると判断され，当該追完届につき受理の指示がされたものである。

(3) 〔コンピュータシステムによる証明書記載例〕 事件本人の戸籍の
　身分事項欄

| 全 部 事 項 証 明

本　　籍	東京都千代田区平河町二丁目8番地
氏　　名	甲野　新太郎

戸籍事項 　戸籍編製	（編製事項省略）

戸籍に記録されている者	【名】和夫 【生年月日】令和5年4月5日 【父】甲野新太郎 【母】甲野春子 【続柄】長男
身分事項 　　出　　生	【出生日】令和5年4月5日 【出生地】ブラジル国サンパウロ州サンパウロ市 【届出日】令和5年8月8日 【届出人】父 【国籍留保の届出日】令和5年9月10日 【特記事項】責めに帰することのできない事由のため期間経過
追　　完	【追完日】令和5年9月10日 【追完の内容】国籍留保 【届出人】父 【記録の内容】 　　【国籍留保の届出日】令和5年9月10日 【特記事項】令和5年9月29日記録
訂　　正	【訂正日】令和5年9月29日 【許可日】令和5年9月27日 【記録の内容】 　　【特記事項】責めに帰することのできない事由のため期間 　　経過
	以下余白

発行番号

Ⅱ　出生及び国籍留保の届出が適法にされていない場合の戸籍訂正
　（市区町村長が管轄局の長の許可を得てする訂正）

(1)　戸籍訂正許可申請書

戸　籍　訂正 記載　許可申請		受 付	令和 5 年 10 月 30 日 第　　　982　　　号	戸　　籍 調査

東　京　法務局長 　甲　山　司　郎　殿	戸発第　821　号　令和 5 年 10 月 19 日　申請 東京都千代田区 長　千代田太郎　職印	

(一) 事 件 本 人	本　　　籍	東京都千代田区大手町1丁目1番地
	筆頭者氏名	甲　野　忠　一
(二)	住 所 及 び 世帯主氏名	東京都千代田区平河町1丁目1番2号　甲野忠一
(三)	氏　　　名	甲　野　太　郎
	生 年 月 日	令和5年3月10日
(四)	訂 正・記 載 の　事　由	事件本人は、出生による国籍の取得につき、生地主義を採るアメリカ合衆国内で出生したが、法定期間経過後にされた国籍留保の記載のない出生の届出に基づき戸籍に記録されたものであることが判明した。そのため、届出人に対し、戸籍の記載に錯誤があるので訂正申請するように通知をしたが、その申請をしないので職権で訂正したい。
(五)	訂 正・記 載 の　趣　旨	上記戸籍中事件本人の出生による入籍の記録は錯誤につき、同人の記載全部を消除する。
(六)	添 付 書 類	出生届書謄本、戸籍謄本

戸　　籍
調査

記載

記載
調査

送付
通知

住 民 票

記載

通知

附　　票

記載

通知

(注　意)

一、本申請には、申請書副本一通を添付すること。
二、事件本人が二人以上であるときは、必要に応じて該当欄を区切って記載すること。
三、（四）欄は、訂正、記載を要するにいたった錯誤、遺漏及び過誤の事情を簡明に記載すること。
四、（五）欄は、訂正、記載の箇所及び方法を簡明に記載すること。

　　上記申請を許可する。　　　　　　　　戸乙第　　1030　　号

　　　令和 5 年 10 月 27 日

　　　　　　　東　京　法務局長　　甲　山　司　郎　職印

(2) 〔コンピュータシステムによる証明書記載例〕　事件本人の戸籍の
　　身分事項欄

本　　　籍	東京都千代田区大手町一丁目1番地
氏　　　名	甲野　忠一

戸籍事項 戸籍編製	（編製事項省略）

戸籍に記録されている者 消　除	【名】太郎 【生年月日】令和5年3月10日 【父】甲野忠一 【母】甲野洋子 【続柄】長男
身分事項 出　　　生	【出生日】令和5年3月10日 【出生地】アメリカ合衆国カリフォルニア州サンフランシスコ市 【届出日】令和5年8月24日 【届出人】父 【送付を受けた日】令和5年9月10日 【受理者】在サンフランシスコ総領事
消　　　除	【消除日】令和5年10月30日 【消除事項】戸籍の記録全部 【消除事由】出生による入籍の記録錯誤 【許可日】令和5年10月27日
	以下余白

発行番号
※　この消除処理後，届出人が認識していない場合は，戸籍法施行規則47条の
　　2の連絡を行います。

問76　帰化者の戸籍に父母の氏名が朝鮮名で記載されている
　　　場合に，帰化者から父母の創氏改名事項の記載がある韓
　　　国戸籍の謄本を添付して，父母の氏名を創氏改名後の氏
　　　名に訂正されたい旨の申出があった場合，どのように訂
　　　正処理をすべきですか。

答　　帰化者の父母の創氏改名の事実が，韓国戸籍の謄本等によっ
　　　て申出のとおり認められる場合は，市区町村長は，管轄法務局
　　　長等の許可を得て，帰化者の戸籍に記載されている父母欄の氏
　　　名を訂正することができます。なお，訂正の手続及び戸籍の記
　　　載方法等は，解説のとおりです。

【解　説】

1　帰化の届出と戸籍の記載

　法務大臣は，帰化を許可したときは，官報にその旨を告示すべきも
のとされ（国10条１項），帰化の効力は，その告示の日から発生し（同
条２項），同日から本人は日本国民たる資格を取得します。帰化者に
ついては，日本人として戸籍に登載し，その身分関係を公証すること
となるため，帰化をした者は，官報告示の日（戸籍実務上は，後述の
帰化者の身分証明書交付の日）から１か月以内に市区町村長に対し帰化
の届出をすべきものとされています（戸102条の２）。そして，その届
出には，帰化許可の申請をした法務局又は地方法務局の長が発行する
「帰化者の身分証明書」（戸籍法38条２項に規定する許可書の謄本に相当）
を添付するものとされ，本籍地市区町村長はこの身分証明書に基づい
て届出の内容を審査の上，帰化者の戸籍を編製又は記載（入籍）する
ことになります（昭和30・１・18民事甲76号通達，なお，帰化届書に記
載すべき事項ないし帰化前の身分事項を証する書面の取扱い等については，

改訂Ⅷ第4編第2章の問84（270頁）参照）。

　帰化者の戸籍には，戸籍法第13条各号に掲げる戸籍に記載すべき基本的事項（法定記載事項）が記載されることは当然ですが，そのうち，同条第4号に掲げる父母の氏名について，韓国・朝鮮人の場合には，その歴史的経緯や帰化後の社会生活上の利益等に配慮して，後述のとおり特別な取扱いが認められています。

2　韓国・朝鮮人の帰化と父母の氏名の取扱い

　外国人が日本国への帰化を許可され，帰化の届出をする場合には，前記1のとおり，法務局又は地方法務局の長が発行した「帰化者の身分証明書」を添付して行います。韓国・朝鮮人が帰化した場合において，その父母が平和条約の発効（昭和27・4・28）前に創氏改名を行っている場合〔注1〕に，その事実を証する確実な資料（朝鮮の戸籍謄抄本，旧寄留簿の謄抄本〔注2〕，旧寄留簿に関する証明書，平和条約発効前に日本人と創氏改名後の氏名により身分行為をした旨の記載のある戸籍謄抄本等）があり，かつ，本人がその氏名による処理を希望する場合には，帰化の申請手続において，その氏名を父母の氏名と認定した上，これを上記の身分証明書に記載する（したがって，その氏名が戸籍に記載される。）との取扱いが認められています。

3　設問の申出と戸籍訂正

　設問の事例は，帰化者である元韓国人について，帰化の届出により戸籍が編製された後に，当該戸籍の父母の氏名（朝鮮名）を創氏改名による日本名に訂正されたい旨の申出があった場合です。帰化の申請時において，当事者が，その父母の創氏改名の事実を前記のような確実な資料により疎明し得るときは，前記のとおり，その氏名を父母の氏名とすることが認められています。そして，この取扱いは，設問のように，帰化後において父母の創氏改名の事実を証する資料が得られた場合にも認められるべきものと考えます。

　その理由は，帰化者について，帰化後の社会生活上における利便に

ついて戸籍の記載の上でも充分配慮されるべきであると思われるから
です。戸籍実務では，その一例として，既に次のような取扱いを認め
ています。

　ちなみに，平和条約発効前において，日本人の養子となる縁組をし
てその戸籍に入籍した元朝鮮人について，平和条約発効後に離縁によ
り新戸籍が編製されている場合（この場合，元朝鮮人については，新た
に氏及び本籍を定めて新戸籍が編製される（昭和27・6・19民事甲852号
回答）。）に，その父母につき創氏改名の事実が旧寄留簿等により確認
でき，かつ，本人から父母欄更正の申出がされたときは，これを認め
て差し支えないとしています（昭和45・8・11民事甲3561号回答）。

　以上に述べた趣旨等から，設問の場合においても，当該申出による
戸籍訂正（すなわち，帰化後の戸籍における父母の氏名の訂正）を認め
るべきであると解します。ただし，その戸籍訂正は，父母の創氏改名
の事実の認定に慎重を期する上からも，市区町村長は，管轄法務局長
等の許可を得て行うのが相当と考えます。

4　戸籍訂正の手続と訂正処理

(1)　管轄局に対する訂正許可申請

　設問については，市区町村長は，前記のとおり管轄法務局長等の許
可を得た上，職権で，当該帰化者の戸籍における父母の氏名の記載を
訂正することになりますが，この場合の戸籍訂正許可申請書（標準準
則22条・付録19号書式）には，当該申出書，帰化後の戸籍謄本のほか，
父母につき創氏改名の事実を証する韓国の戸籍謄本等を添付します。

　管轄法務局においては，申出書及び添付書類によって父母につき創
氏改名の事実の有無を調査し，許否を決定すべきことは当然です。

(2) 戸籍の記載

◎　コンピュータシステムによる証明書記載例（帰化者の戸籍／その身分事項欄）

訂　　正	【訂正日】令和6年2月7日
	【訂正事項】父母の氏名
	【訂正事由】錯誤
	【許可日】令和6年2月4日
	【従前の記録】
	【父】金成源
	【母】朴貴玉

〔注1〕　創氏改名制度は，平和条約発効前の朝鮮人に適用すべき法律を定めた「朝鮮民事令」（明治45年3月18日制令7号・同年4月1日施行）の第三次改正の際に導入されたものです（昭和14年制令19号・昭和15年2月11日施行）。その内容は，朝鮮在来の「姓」の制度を消滅させることなく，日本の旧民法（明治31年法律9号）に定める氏制度を依用して，朝鮮の家にその称号である氏を新たに設定させると同時に，朝鮮人に内地式の氏を称するものとされたものです。第二次大戦の終結後の1946年（昭和21年）10月23日（在朝鮮米軍政庁）軍政令第122号「朝鮮姓名復旧令」により，復旧令に抵触する部分は失効しました。

〔注2〕　寄留法（大正3年法律27号・同4年1月1日施行，昭和26年法律18号「住民登録法」の施行（昭和27・1・1）により廃止）は，90日以上，本籍外に住所又は居所を有する者（外国人を含む―同法1条）を寄留簿に登載して，各種行政に資することを目的としたものです。在日朝鮮人も当然その対象とされ，したがって，その者が創氏改名をしているときは，その氏名により登載されています。

第10章　氏名の記載・変更に関するもの

> 問77　日本人父と韓国人母間の嫡出子として父からの出生届によりその記載がされている者につき，父との親子関係不存在確認の裁判が確定し，訂正申請により戸籍の記載が全部消除され，韓国人母の嫡出でない子となった場合において，新たに母からされた出生届書に，出生子は，当該裁判の理由中に明記されている事実上の韓国人父の姓を称する旨が記載されている場合，どのように処理すべきですか。

答　設問における事件本人（すなわち，日本人父との親子関係不存在確認の裁判確定により韓国人母の嫡出でない子となった子）の氏（姓）に関する準拠法は，子の本国法である韓国民法です。韓国民法によれば，婚姻外の出生子で父の認知を受けていない，いわゆる「父の知れない子」は，母の姓を称するものとされ（韓国民法781条3項），父が事実上明らかであったとしても，認知されていない限り，父の姓を称することはできないと解されています。したがって，韓国人母からされた当該出生届については，事件本人の称する姓を母の姓に補正を求めた上で処理するのが相当と考えます。

【解　説】

1　氏の準拠法

　氏名自体に関する準拠法については，氏名権という一種の人格権の問題として，条理又は通則法第4条（人の行為能力）第1項若しくは

第33条（その他の親族関係等）の適用又は類推適用によって，本人の本国法によるべきであるとする見解が有力に主張されており，戸籍実務の取扱いも，氏は人格権としてそれぞれの本国法によるものとされています（改訂Ⅳ第1編第6章の問39（131頁）参照）。

　ところで，設問は，戸籍上，日本人父と韓国人母間の嫡出子として記載されている子について，日本人父との親子関係不存在確認の裁判が確定し，その裁判に基づく戸籍法第116条の戸籍訂正申請により，子の戸籍の記載全部が消除された後，当初の出生届が表見上の日本人父からされていた（同人は，戸籍法52条1項の規定に従って届出をしたものであり，同条3項の「同居者」には該当しない。）ため，当該子につき，韓国人母から改めて嫡出でない子として出生の届出がされたものです。しかし，その出生届書に，当該子の称する氏として，上記の親子関係不存在確認の裁判の理由中に明記されている事実上の韓国人父の姓を記載して届け出ているため，これをどのように処理すべきかを問うものです。

2　子の国籍及び称する氏

(1)　子の国籍

　設問の子は，前記1のとおり，日本人父と韓国人母間の嫡出子として父からの出生届出により，その戸籍に記載されていたところ，当該日本人父との親子関係不存在確認の裁判が確定し，そして当該裁判の理由から，実際は，韓国人母が韓国人父との婚外子として出生したものであることが判明したものです。この場合，当該子は，出生により母の国籍である韓国国籍を取得していることは明らかです（韓国国籍法2条1項）。また，その氏に関する準拠法は，子の本国法である韓国法であり，韓国民法の定めに従います。

(2)　韓国民法による子の姓（氏）

　韓国民法の親族編は，2005年の民法の一部改正によって戸主制度の廃止や子の姓と本の改正等が行われています。改正前における子の姓

と本については，子は，原則として父の姓と本を継いで父の家に入籍し（韓国民法781条1項），父の知れない子は，母の姓と本を継いで母の家に入籍するものと規定されていました（同条2項）。つまり，父の認知を受けることができず，母だけがいる者は「父の知れない子」であり，父が事実上明らかであったとしても，認知されない限り「父の知れない子」と解されており，この趣旨は法改正後も同様といって差し支えないと思われます。

改正法施行後の子の姓と本については，従来どおり，父の姓と本を称するのを原則とするものの，嫡出子については，父母が婚姻の届出をする際に，母の姓と本を継ぐものとする協議が調った場合は，母の姓と本を継ぐこととされ（現行韓国民法781条1項），また，嫡出でない子が父に認知された場合は，父母の協議によって従前（母）の姓と本を引き続き称することができるが，父母が協議することができないか，又は協議が調わない場合には，子は法院の許可を得て，従前の姓と本を継続して使用することができるものとされました（同条5項）。

(3) 設問の出生届の処理

以上のような法改正の趣旨から考えると，設問の出生届については，子の称する姓（氏）を母の姓に補正を求めた上で処理すべきものと考えます。

問78　戸籍に記載されている外国人配偶者の氏名について，「アンドリユー，ジエームス」を「アンドリュー，ジェームス」と拗音部分の表記を拗音表記である小さい文字に訂正する旨の申出があった場合，どのように訂正すべきですか。

答　　外国人配偶者の氏名の全文字が大文字の片仮名表記で戸籍に記載されている場合，拗音部分を小文字に変えてほしい旨の申出があったときは，拗音表記することができないような特段の事情がない限り，更正して差し支えないと考えられます。

【解　説】

　本問については，本シリーズ改訂Ⅷ第5編第2章の問145（446頁）と同趣旨ですから，同問の解説を参照願います。

　なお，本問のように，戸籍に記載されている外国人配偶者の氏名の全文字が大文字であっても誤りではありませんが〔注1〕，日本人配偶者又は本人から小文字に変更してほしい旨の申出があり，その者が同一人と確認できる証明書（パスポート等）の提出があれば，職権により更正することができます。

　この場合の戸籍記載例は，以下のとおりです〔注2〕。

◎　コンピュータシステムによる証明書記載例

出　　生	（省　略）
婚　　姻	（省　略）
更　　正	【更正日】令和5年3月5日 【更正事由】申出 【従前の記録】 　　　【配偶者氏名】アンドリユー，ジエームス

〔**注1**〕　法律の条文でも，拗音部分を大文字で表記しているものと小文字で記載しているものの両方があります。例えば，戸籍法は，「裁判によつて」（15条）等，すべて大文字であり，最近改正された部分も，「弁護士にあつては」（10条の2第4項1号）とか，「磁気デイスクをもつて」（120条の3）等，大文字です。これに対し，民法第4編親族では，平成16年の改正により，大文字をすべて小文字に改正しています（例，728条1項の「離婚によって」）。拗音は，小文字表記のほうが分かり易いということができます。

〔**注2**〕　更正後に転籍，新戸籍編製等による戸籍の変動があった際の移記については，誤字・俗字に関する通達での更正後の移記の取扱い及び平成4年3月30日民二1607号通達後段の趣旨に準じて，更正した事項の記載は要しないと解されます。

問79　中国人女と婚姻した日本人男の戸籍の婚姻事項中，中国人配偶者の氏名に中国簡体字である「了」（本来の正字「瞭」）の文字を漢字の正字として記載した場合，どのように訂正すべきですか。

答　　設問については，届出人が，当該婚姻の届書に中国人配偶者の氏名の文字を日本の正字である漢字，「瞭」で記載すべきところ，中国で認めている簡体字「了」で記載したため，戸籍の記載に錯誤が生じたものです。したがって，その戸籍訂正は，原則として戸籍法第113条の規定に基づく戸籍訂正申請によってすべきものと考えます。しかし，同届出の受理の段階における市区町村長の審査が十分にされなかったことにも起因しますから，事件本人が同一人であることが確認でき，かつ，その文字「了」について中国簡化字総表等でその対応する文字が「瞭」であることが明らかな場合は，市区町村長限りの職権で訂正して差し支えないものと考えます。

【解　説】

1　戸籍に漢字で記載されている外国人の氏名

　戸籍は，日本国民についてその身分関係を登録し，かつ，公証する公簿であるため，その身分事項欄及び父母欄に外国人の氏名を記載する場合にも日本文字ですることとされており，また，その場合には，原則として，片仮名で記載するものとされています。ただし，中国人，朝鮮人等のように，その本国において氏名を漢字で表記する外国人である場合には，正しい日本文字としての漢字を用いるときに限り，漢字で記載して差し支えない取扱いとされています（昭和56・9・14民二5537号通達二，昭和59・11・1民二5500号通達第4の3(1)）。

2　中国の簡体字

　設問のように，漢字使用国の中国人と婚姻をした日本人配偶者の戸籍に婚姻事項を記載する場合において当事者の希望により，中国人配偶者の氏名を漢字で記載することとなるときは，その漢字が正しい日本文字としての漢字であるか否かを審査することが必要となることは当然です。

　漢字は，文字どおり中国からわが国に伝わったものとされているところ，長い年月を経た今日，わが国で用いられている漢字は必ずしも中国と同じ漢字とは限りません。また，中国では，1956年1月28日「漢字簡略化方案」が正式に公布され，1964年3月7日には「簡化字総表」にまとめられています。その結果，表意文字としての漢字の性格が表音文字に変化したともいわれており，例えば「云（雲）」，「叶（葉）」，「机　（機）」，「朴（樸）」などあって，複雑な漢字の簡略化に際し，楷書化した草書の要素を多く取り入れ，また，画数の少ない部分に置き換える手法も多く使っているといわれています。

　設問のように，「了」と「瞭」は別字ですが，いずれも日本の正字として存在する文字でもあることから，届書の記載を一見しただけでは簡体字であるか否かを判断することは困難です。したがって，事件本人が中国人の場合は，その点を届出人に確認するなどの注意を要するものと考えます。

3　中国人の氏名が中国の簡易漢字体で記載されている場合の戸籍訂正

　中国人配偶者の氏名の文字が簡易漢字体で記載された婚姻の届書を誤って受理し，戸籍に記載した場合には，戸籍訂正を要することとなります。この場合の訂正は，届出人が届書に日本の正字である漢字「瞭」と記載すべきところ，中国で認めている簡易漢字体である「了」で記載したことによるものです。これは，日本の正字としては明らかに別字ですから，原則として，戸籍法第113条の規定に基づき家庭裁

判所の戸籍訂正許可の審判を得て，訂正すべきものと考えます。

　しかし，中国人配偶者が，本国で使用している自分の氏名の漢字が，正しい日本文字としての漢字に対応しているものであるかを認識することは，一般的には困難であると思われます。また，そのために戸籍の記載に錯誤が生じたことは，受理の段階における市区町村長の審査が十分にされなかったことに起因したともいえます。そこで，事件本人が同一人であること，また，当該「了」の文字が中国簡化字総表等で，その対応する「瞭」の文字が本来の正字であることが明らかである場合には，市区町村長限りの職権で訂正して差し支えないものと考えます（「戸籍」611号72頁以下参照）。

　なお，戸籍記載例を示せば，次のとおりです。

（日本人男の身分事項欄）

出　　　生	（省　略）
婚　　　姻	（省　略）
訂　　　正	【訂正日】令和5年6月7日
	【訂正事由】錯誤
	【従前の記録】
	【配偶者氏名】了華子

> **問80** 中国（台湾）人女と婚姻した日本人男から，戸籍の婚姻事項にカタカナで記載されている配偶者の氏名を，漢字で表記されたい旨の申出があった場合，どのように処理すべきですか。

答 　当該日本人夫の戸籍の婚姻事項中の中国（台湾）人妻の氏名がカタカナで記載されているとしても，これは，外国人の氏名を戸籍に記載する場合の原則に沿ったものであり，誤りとはいえません。したがって，日本人夫からされた当該申出は，これを妻の氏名表記の更正申出として取り扱うとともに，その氏名の記載を更正すべきものと考えます。

【解 説】

1 外国人の氏名の表記方法

　戸籍の身分事項欄及び父母欄に外国人の氏名を記載するには，片仮名で記載するのが原則とされていますが，その外国人が本国において氏名を漢字で表記するものである場合には，正しい日本文字としての漢字を用いるときに限り，氏，名の順序により漢字で記載して差し支えないとされています（昭和56・9・14民二5537号通達二，昭和59・11・1民二5500号通第4の3(1)）。

　設問の中国（台湾）人妻の本国は漢字使用国であり，したがって，本国の台湾戸籍における本人の氏名は漢字で登記されているはずです。したがって，同人の氏名は，日本人夫との婚姻届書及び日本人夫の戸籍の身分事項欄には，当初から漢字で記載することができたところ，何らかの理由によりカタカナで記載されたものと思われます。

　一方，中国（台湾）人の旅券（護照）によると，その氏名は漢字とアルファベットの両方で表記されており，設問の妻の場合も同様と思

われますが，そのいずれの表記も適正なものと認められます。

　また，日本人夫の戸籍の婚姻事項において，妻の氏名がカタカナで記載されているとしても，これは，外国人の氏名の戸籍記載の原則に沿ったものであり，誤記による記載ということはできません。

2　設問における戸籍の処理

　そこで，設問については，次のとおり外国人である妻の氏名の記載を更正する方法により処理すべきものと考えます。

　(1)　日本人夫からされた当該申出には，中国（台湾）人妻の氏名を漢字で記載する場合のその漢字の正当性と本人の同一性を疎明し担保するため，前記の旅券（写し）を添付する。

　(2)　当該申出は，前記妻の氏名の記載を更正する申出として取り扱うとともに，市区町村長限りの職権で，その更正を行うこととする。

　(3)　戸籍の記載は，次の例により行うものとする。

◎　コンピュータシステムによる証明書記載例

更　　正	【更正日】令和5年7月8日
	【更正事由】申出
	【従前の記録】
	【配偶者氏名】ヨウ，カズコ

※　中国（台湾）人妻の氏名「ヨウ，カズコ」とあるのを「葉和子」と申出により更正した場合を想定。

問81　日本人夫Ａとスイス人妻Ｂとの間に出生した子Ｃの戸籍の母欄に，母Ｂの氏が夫Ａの氏の表音に従った片仮名によって記載されている場合において，当該母の氏の記載を消除する旨の戸籍法第113条の規定による戸籍訂正許可の審判がなされ，日本人夫からその訂正申請があった場合，これを受理することができますか。

答　日本人夫と婚姻したスイス人妻が，その本国（スイス）法上の婚姻の効果により夫の氏をその姓として称することとなったとしても，戸籍実務上は，同女の姓が呼称上日本人夫の氏と同じになったに過ぎないのであって，民法ないし戸籍法上の氏まで同一・共通となったわけではありません。したがって，設問の子について，その戸籍の母欄の氏の記載を消除し，空白とする戸籍訂正は認められないものと解されます。

　　　ただし，日本人夫の戸籍の婚姻事項におけるスイス人妻の氏及び子の母欄の氏がそれぞれ片仮名で表記されている場合は，日本人夫の申出により漢字表記に更正することが認められます。

【解　説】

1　渉外婚姻に伴う夫婦の氏

　渉外婚姻による夫婦の氏の変動に関する準拠法の指定に関しては，見解の分かれるところですが，戸籍実務上は，氏名権という夫婦それぞれの人格権に属する問題として，当事者の属人法（本国法）によるものとされています。そして，夫婦同氏の原則を定める民法第750条の規定は，婚姻の当事者双方が日本人である場合にのみ適用され，外国人は同条にいう氏を有しないことから，日本人と外国人の婚姻には同条の適用がなく，日本人については外国人との婚姻後も引き続き婚

姻前の氏を称することになり（昭和42・3・27民事甲365号回答，昭和55・8・27民二5218号通達，改訂Ⅲ第3章の問36（113頁）参照），日本人と婚姻をした外国人の婚姻後の氏については，その本国法の定めるところによって決定されます。

2　日本人男と婚姻したスイス人女の氏

設問のように日本人男と婚姻したスイス人女の本国法によると，夫婦の氏に関する同国の民法は，原則として「それぞれの配偶者は，自己の姓を保持する」（同法160条1項）とされ，「ただし，新郎及び新婦は，身分登録官に新郎又は新婦の姓を家族の姓として称することを宣言することができる」（同条2項）と定められています（『全訂新版・渉外戸籍のための各国法律と要件(Ⅲ)』791頁参照）。

3　設問の事例と当該子の戸籍に記載する母の氏

（1）　設問の事例

設問においては，スイス人妻が，日本人夫との婚姻に伴う本国法の効果により日本人夫の氏を称することとなったことにより，夫の戸籍における子の父母欄に記載される母の氏は，夫の氏の表音に従った片仮名で記載されているものと思われます。そして，設問は，この場合に，当該子の母欄の記載を，父母双方が婚姻中の日本人である場合の子の母欄と同じ記載（すなわち，母の氏の記載省略）にすべきものとして，母の氏（姓）の記載を消除する旨の戸籍訂正許可の審判（戸113条）がなされ，申立人である夫からその訂正申請がされた場合の受否を問うものです〔注1〕。なお，このような審判は，父母が婚姻中の場合に父には氏を記載するが母については氏の記載を省略するとの紙戸籍における記載を前提とするもので，コンピュータ戸籍による登録の場合，父母いずれについても氏を記載するので，同様の審判はなされることはないと思料されます。しかし，外国人父母の氏の記載及びその背景にある考え方を理解するためには，この設問は重要と考えられるので，スイス民法の改正も合わせ，修正の上，掲載しておきます。

(2) 父母欄の記載方法

　戸籍に記載すべき事項のうち実父母の氏名については，父母欄にこれを記載することとされています（戸13条4号，戸規30条・33条）。一方，外国人である父又は母の氏名を記載するには，氏，名の順序により片仮名で記載するのが原則とされています（昭和59・11・1民二5500号通達第4の3(1)）。

(3) 設問のスイス人妻が本国法の効果により称することとなった氏
　　の性質

　設問のように日本人と婚姻をした外国人の婚姻後の氏については，その本国法によって決定されることは前記1で述べたとおりです。つまり，外国人の姓については，その本国法が準拠法であり，本国の実体法が日本人配偶者の氏への変更を認めているときは，変更後の日本人の氏をもって外国人配偶者を表示することになります。しかし，この場合の外国人の「姓」は，本国法の定めに従い，日本人配偶者の氏と同じになっているとしても，日本民法上の氏を称するわけではなく，民法上ないし戸籍法上は日本人配偶者の氏と同一の氏ということではありません。このことは，設問におけるスイス人母についても同様です。すなわち，設問の場合，当該子の母欄には，スイス人母の氏として日本人父の氏（例・「甲野」）と表音上同じ姓（例・「コウノ」）が記載されていますが，これは，それぞれの本国法に基づく氏（姓）であって，両者は，根拠とすべき法が異なるため，その性質も異にするものです。このため，外国人配偶者について日本民法第750条の規定は適用されません。

4 結 論

　設問における戸籍訂正申請は，戸籍法第113条の規定による家庭裁判所の戸籍訂正許可の審判に基づくものです。そして，その訂正の趣旨は，事件本人である設問の子の戸籍の母欄に記載されているスイス人母の氏（日本人父と表音上同じ氏）の記載を消除することにありま

すが，これが認められないことは上述してきたところによって既に明らかといえます。あえて付言すれば，当該子の現在戸籍における母欄のスイス人母の氏の記載は適法にされている（つまり，その記載に錯誤はない。）ものであり，戸籍訂正の対象とはなり得ないというべきです〔注２〕。

〔注１〕　設問の場合と同様の母欄の記載がされている子について，日本人父から，自己の表音に従った片仮名による母の氏の記載の削除を求めて戸籍訂正許可の審判を申し立てた事案において，家庭裁判所が，当該記載は「錯誤による記載である」としてその申立てを許可した審判例がみられます（京都家審昭和55・2・28-家月33巻5号90頁）。

〔注２〕　設問のような事例において，日本人配偶者から，その身分事項欄に外国人配偶者の氏名変更の旨の記載方及び変更後の氏は漢字を用いて表記されたい（例・『妻の氏名を「甲野マリア」と変更……』）旨の申出のほか，既に戸籍に記載されている夫婦間の嫡出子があるときは，母（又は父）欄の記載を，日本人父（又は母）の漢字による氏で更正する申出が認められています（昭和55・8・27民二5218号通達，改訂Ⅲ第3章の問45（134頁），改訂Ⅷ第5編第1章の問133（415頁）参照）。

問82　日本人男と韓国人女との婚姻届出に際し，妻の名について添付の駐日韓国大使館発行の婚姻要件具備証明書の名の文字は「榮」で表記されている（したがって，婚姻届書の妻の名もその文字により記載）ため，日本人男の婚姻事項中の配偶者の名も同文字で記載されているところ，これを通用字体の「栄」で表記されたい旨の申出（夫婦双方から申出）があった場合，申出のとおり記載（更正）することができますか。

答　　外国人の本国で氏名を漢字表記している場合おいて，その漢字が日本の正字に当たるときは，戸籍には，その漢字で記載することができます。設問における韓国人女の名の表記「榮」は，本国における漢字による表記であり，かつ，それが日本の正字に当たりますから，日本人男の戸籍の婚姻事項における同女の名はそのまま記録（記載）されるべきであり，これを通用字体の「栄」に更正することはできません。

【解説】

1　日本人配偶者の戸籍に記載する外国人配偶者の氏名

　日本人が外国人と婚姻したときは，日本人の戸籍の身分事項欄には，婚姻事項の一部として外国人配偶者の国籍，氏名及び生年月日を記録（記載）します。この場合に戸籍に記録（記載）する外国人配偶者の氏名は，氏，名の順に片仮名で記載するのが原則ですが，その外国人が本国において氏名を漢字で表記するものである場合には，正しい日本文字としての漢字を用いるときに限り，漢字で記録（記載）して差し支えないとされています（昭和56・9・14民二5537号通達二，昭和59・11・1民二5500号通達第4の3(1)，改訂Ⅰ第2章の問78（297頁参照））。

2　設問の事例と戸籍の取扱い

　設問では，日本人男と韓国人女の婚姻届が受理され，日本人男の戸籍には，婚姻事項が記録（記載）されています。そして，同事項中の韓国人女の氏名については，駐日韓国大使館発行の婚姻要件具備証明書には「榮」と表記されており，婚姻届書の妻の名も同文字により記載して届出がされたことから，戸籍の記録（記載）もこれによっていたので，これを通用自体の「栄」に更正されたい旨，当該夫婦から申出があったというものです。

　ところで，「榮」の文字は，わが国において正字（康熙字典体）として認められている字体であり，外国人配偶者の氏又は名の表記としてそのまま日本人当事者の戸籍に記録（記載）することができる文字です。しかも，外国人配偶者の本国においても用いられている漢字であり，氏名自体の準拠法が各人の本国法であること〔**注1**〕にかんがみれば，本国で用いられている字体による漢字に基づいて氏名を記載することは，通則法の趣旨に合致しているということができます。そこで，設問においても，韓国で用いられている漢字の字体（「榮」）がわが国における正字でもあったので，婚姻事項には，その字体で記録（記載）されたということができます。

3　通用字体への更正の可否

　一方，日本人の氏又は名の文字については，通用字体〔**注2**〕と異なる字体（例えば，「榮」）で戸籍に記録（記載）されている場合において，これを通用字体の漢字「栄」に更正の申出があったときは，市区町村長限りで，更正して差し支えないとされています（平成2.10.20民二5200号通達第3の1(1)）。このことから，設問のような申出がされたものと思われます。

　しかし，この取扱いはあくまでも日本人の戸籍上の氏又は名に関する取扱いであり，戸籍に記録（記載）された外国人の氏名については対象とされません。戸籍には，市区町村長が本国の権限ある官憲が発

行した証明資料（旅券，婚姻用件具備証明書等）等に基づいて，本国の氏名の表記であること，及びそれがわが国の正字であることを確認した上で，外国人配偶者の氏名を記録（記載）しており，夫婦の申出によってこれを変更するのは相当でないというべきです。

　設問における韓国人女の名の文字については，本国の公的な証明資料には，わが国の正字に当たる漢字「榮」で記録（記載）されており，日本人夫の戸籍の婚姻事項中の妻の名についても，同文字によって記録（記載）されていますから，これを改める理由はなく，これを通用字体「栄」に更正する旨の申出は認められません〔注3〕。同女がその名の変更を望む場合は，その本国法（韓国の「家族関係の登録等に関する法律（2007年法律8435号）」）に基づく名の変更手続（同法99条）を経た上で，名の更正申出をすべきものと考えます。

　なお，このようなことから，日本人と漢字使用国の外国人との婚姻を受理して，日本人配偶者の身分事項欄に婚姻事項を記載する場合において，外国人の本国の証明書が康熙字典体の漢字で表記しているときは，外国人配偶者の氏名は，その漢字又は片仮名で表記すべきであり，通用字体で記載することは相当ではありません。

〔注1〕　婚姻の成立等に伴う夫婦の氏の変更（変動）の問題については，婚姻の身分的効力の問題として通則法第25条によるとする説（折茂豊『国際私法（各論）〔新版〕』265頁，山田鐐一『国際私法〔新版〕』427頁）と，氏の問題は，個人の呼称としての一種の人格権である氏名権の問題として，夫婦各自の本国法によるべきであるとする説（溜池良夫『国際私法講義〔第3版〕』444頁，久保岩太郎『国際私法』201頁）がありますが，氏名自体の準拠法に関しては，各人の人格権に関する問題として，当事者の本国法によるとするのが通説です。なお，戸籍実務では，婚姻等の身分変動により氏が変更するかどうかの問題についても，人格権に関する問題として，当事者の本国法によっています（昭和26. 12. 28民

事甲2424号回答，昭和40．4．12民事甲838号回答，昭和42．3．27
民事甲365号回答，改訂Ⅰ第1章の問45（170頁）参照）。

〔注２〕　通用字体とは，「常用漢字表」に掲げられた字体並びにこれに
準じた字体をいいます。

〔注３〕　仮に，当該申出を受理した上，日本人夫の戸籍の婚姻事項にお
ける韓国人妻の名（表記）を更正したとしても，それはあくまで
わが国の公文書である戸籍の記載上の措置であるにとどまり，同
女の本国にまで効果が及びません（例えば，上記の申出後の戸籍
謄本によって本人の旅券の名が変更されることにはならない。）。

なお，平成21年法律第77号により住民基本台帳法の一部が改正
され（平成24・7・9施行），新たに外国人住民が住民基本台帳
に登録されます。この場合における氏名の登録については，原則
としてアルファベットで表記しますが，漢字使用国の外国人につ
いては，漢字を使用した氏名を併記することを望むときは，それ
ができるとされています（入管法施行規則19条の7第1項）。こ
の場合も，戸籍の取扱いと同じように，本人の同一人性について
の証明力を失わないように配慮されています。すなわち，漢字併
記の申出をしようとする者は，「氏名に漢字を使用することを証
する資料」を提出することを要します（同条2項）。ここでいう
資料とは，本国（国籍国）等又はわが国（地方公共団体を含む。）
が発行した漢字等氏名に係る各種疎明資料（例えば，中国旅券，
台湾旅券，韓国の家族関係登録に係る基本証明書又はわが国で出
生した子の市区町村長が発行した出生証明書若しくは住民票の写
しなど）とされています（福谷孝二ほか『新しい外国人住民制度
の窓口業務用解説』37頁以下）。

第11章　就籍に関するもの

> **問83**　就籍許可審判に基づく届出により戸籍が編製された後
> に，就籍者が外国人であることが判明したとして，検察
> 官から戸籍法第24条第４項の規定による通知があった場
> 合，どのように訂正すべきですか。

答　就籍許可の審判に基づく就籍届出により戸籍が編製された者
について，旧外国人登録法違反被告事件の判決確定により日本
の国籍を有していなかったことが判明したとして，検察官から
戸籍法第24条第４項の規定による通知があった場合，市区町村
長は，届出人又は届出事件本人に対しその旨を通知して，戸籍
訂正申請をするよう促しますが，これらの者が戸籍訂正申請を
しないときは，管轄法務局長等の許可を得て，職権で，当該就
籍戸籍を消除します。

【解 説】

1　就籍の意義

　日本国民は，通常，出生の届出によって戸籍に記載されますが，届
出義務者がなく，その届出がされないなどの事由によって戸籍に記載
されない者があります。就籍は，このように，出生により日本国籍を
取得した者（国２条）でありながら，出生届出がされないため，戸籍
に記載されていない者（いわゆる無籍者）について，新たに本籍を設
定し，戸籍に記載する手続です。したがって，戸籍に記載されるべき
でない者，すなわち，外国人又は無国籍者について就籍が認められな
いことは当然です。

2　就籍の要件等

　就籍をするには，家庭裁判所の就籍許可の審判を得ることを要します（戸110条1項，家事226条2号）。就籍の手続は，通常，この許可審判と届出によってされますが，例えば，国を相手方として日本国籍存在確認の判決を得た場合又は日本人実母を相手方として母子関係存在確認の判決を得た場合には，確定判決に基づく就籍としての届出が認められます（戸111条）。就籍許可の審判は，就籍しようとする者が日本国民であり，かつ，本籍を有しない者であるかどうかを，家庭裁判所が調査を行い，その旨の心証を得た上でされます。もっとも，家庭裁判所の就籍許可の審判がされたからといって，これに日本国籍存在の確定力があるわけではなく，また，家庭裁判所において，就籍許可の申立人が日本国民であることが確認できないとの理由で，申立てを却下した場合でも，日本国籍存在確認の訴えを提起して認容されれば，これに基づいて就籍の手続をすることができます（昭和31・7・14民事二発381号回答）。

3　就籍の届出と戸籍

　就籍の届出は，就籍の許可の審判告知の日から10日以内にすることを要します（戸110条1項）。

　就籍の届出があった場合は，届出事件本人について，原則として新戸籍が編製されます（戸22条）。しかし，その後，就籍者が就籍の当時日本国籍を有していなかったことが判明したときは，日本人でない者について新戸籍を編製したことになり，就籍許可の取消しの審判（家事78条，昭和27・8・23民事甲73号回答）を得るまでもなく就籍者について編製した新戸籍は錯誤により消除されるべきものです。

4　設問の事例と戸籍訂正

　設問は，就籍によって新戸籍が編製された者について，旧外国人登録法違反被告事件（平成21年法律79号附則36条参照）の判決が確定し，日本の国籍を有していなかったことが判明したとして，検察官から市

区町村長に対し戸籍法第24条第4項の規定による通知があった場合です。この場合，当該市区町村長は，同条第1項及び第2項により処理して差し支えないとされています（昭和35・6・17民事甲1513号回答）。そこで，市区町村長は，まず，届出人又は届出事件本人に対しその旨を通知して，戸籍訂正申請をするよう促します（戸24条1項）。しかし，それらの者が所在不明等で通知をすることができない場合，又はその通知をしても戸籍訂正申請をする者がないときは，市区町村長は，管轄法務局長等の許可を得た上，職権で，就籍によって編製された戸籍を消除することができます（戸24条2項，昭和36・3・16第57回法務省・裁判所・法務局戸籍事務連絡協議会結論参照）。

　この場合の戸籍訂正の具体的処理例は，後掲の(1)・(2)のとおりです。

(1) 戸籍訂正許可申請書

戸 籍 <u>訂 正</u> <u>記 載</u> 許 可 申 請	受	令和 5 年 8 月 14 日	戸 籍
	付	第　758　号	調査

東 京 法務局長 甲 山 司 郎 殿	戸発第　70 号 令和 5 年 8 月 7 日 申請 東京都千代田区 長　千代田太郎　職印	記載

（一）	事	本　　籍	東京都千代田区平河町1丁目4番地	記載 調査
	件	筆頭者氏名	甲 野 義太郎	送付 通知
（二）	本	住所及び 世帯主氏名	東京都千代田区大手町1丁目1番1号　甲野義太郎	住民票
	人	氏　　名	甲 野 義太郎	記載
（三）		生年月日	平成6年10月14日	通知

（四）	訂正・記載 の　事　由	東京地方検察庁検察官から、事件本人は、旧外国人登録法違反事件の判決確定により、日本の国籍を有していなかったことが判明したとして、戸籍法第24条第4項の規定により通知があったため。	附　票 記載 通知

（五）	訂正・記載 の　趣　旨	上記事件本人の就籍により編製した戸籍を消除する。

（六）	添 付 書 類	検察官からの通知書写し、戸籍謄本

上記申請を許可する。　　　　　　　　　　　戸乙第　232　号

令和 5 年 8 月 12 日

東 京 法務局長　甲 山 司 郎　職印

（注　意）

一、本申請には、申請書副本一通を添付すること。

二、事件本人が二人以上であるときは、必要に応じ該当欄を区切って記載すること。

三、四欄は、訂正、記載を要するにいたった錯誤、遺漏及び過誤の事情を簡明に記載すること。

四、五欄は、訂正、記載の箇所及び方法を簡明に記載すること。

(2) 〔コンピュータシステムによる証明書記載例〕 就籍により編製した戸籍

除　　籍	（1の1）　全部事項証明
本　　籍	東京都千代田区平河町一丁目4番地
氏　　名	甲野　義太郎

戸籍事項 　　戸籍編製 　　戸籍消除	【編製日】令和2年4月10日 【消除日】令和5年8月14日
戸籍に記録されている者 　消　　除	【名】義太郎 【生年月日】平成6年10月14日 【父】 【母】 【続柄】長男
身分事項 　　就　　籍 　　消　　除	【就籍許可の裁判確定日】令和2年4月2日 【届出日】令和2年4月10日 【消除日】令和5年8月14日 【消除事項】戸籍の記録全部 【消除事由】就籍による戸籍の記録錯誤 【許可日】令和5年8月12日
	以下余白

発行番号

第2編　追　完

第2編　追　完

第1章　追完一般

> **問1**　戸籍法における届出の追完とは，どのようなものです
> か。また，渉外的要素をもつ戸籍の届出についても，追
> 完が認められる場合がありますか。

答　戸籍法における届出の追完とは，市区町村長が，届出を受理
した後，戸籍に記載する段階で，届書の記載に誤りを発見した
場合に，届出人に追完届の提出を求めて，その誤りを是正し，
これにより正しい戸籍の記載をすることです。

　渉外的要素をもつ戸籍の届出についても，事件本人に日本人
が関係する場合はもちろんのこと，外国人のみが関係するもの
でも，身分関係の公証を正しく行うために，追完が認められて
います。

【解　説】

1　届書の審査

　届出に基づき戸籍を記載するとき（戸15条）は，届書に記載したと
おりの内容で戸籍を記載しなければならず，届書に不備がある場合に
おいてその届書どおりに戸籍の記載をすると，戸籍の記載にも不備が
生じ，適正な記載をすることができません。戸籍に関する届出があっ
たときは，市区町村長は，届書，戸籍，添付書類を精査し，届書に記
載された内容が，民法，戸籍法等に定める要件を満たしているかどう
かを審査するとともに，届書の記載に錯誤又は遺漏がないかをチェッ

クし，届書に不備がないことを認めた上で受理することを要します。届書の記載に誤りがある場合には，市区町村長は，届出人の意思を慮って届書に記載された内容を読み取って処理をすることができないのが原則です（もっとも，届出事件の本人等の表示に若干の不備があっても，その者の同一性を確認することができるような場合は，正しく記載されているものとして，処理をすることができます。）。他方，届書に不備がある場合，これを放置して戸籍に記載しないのも戸籍制度の本旨にもとることになります。そこで，審査の段階で届出に誤りがあることに気がつけば，その補正を求めた上で，当該届出を受理することが必要です。

2　届出の追完

しかし，届出を受理した後，いざ戸籍に記載する段階で，届書の記載に誤りを発見することがあり，このため，戸籍の記載をすることができない場合があります。このような場合に備え，戸籍法第45条前段は「市町村長は，届出を受理した場合に，届書に不備があるため戸籍の記載をすることができないときは，届出人に，その追完をさせなければならない。」と規定しています。すなわち，市区町村長は，届書に不備があることを発見したときは，その不備を是正することが可能である限り，届出人に届書の不備を是正する措置をとってもらい，その上で，戸籍の記載をしなければなりません。

届出の追完は，届出の形式で行われます。

同条は，報告的届出のみならず，創設的届出にも適用されます（大正8・6・26民事841号回答）。なお，創設的届出については，本質的な事項が欠けている場合は，その届出は無効ですが，一定の場合，当事者による追認が認められており，本条の追完届の形式を借りて，このような追認を戸籍に反映させるものとしています（昭和34・4・8民事甲624号通達参照）。

追完の届出をすべき者は，不備な届出をした当該届出人であり，婚

姻等の複数の者が届出人となる創設的届出の場合は，その全員です。もっとも，追完事項が届出により生ずる効力に影響を与えないときは，そのうち一人の届出人でも差し支えありません。また，追完の届出をすることができる者は，不備な届出をした届出人に限らず，当該事件について届出をすべき者であれば他の者でもよいとされています（大正3・12・28民1962号回答）。

3 戸籍に記載後に不備が判明した場合

上記のとおり，届出の追完とは，戸籍に記載する前に届書の不備が判明した場合を想定したものであり，戸籍に記載した後に〔注〕，その記載に誤りがあることが判明した場合，それが届書の不備に起因するものであっても，原則として追完の届出は認められず，その記載の是正は戸籍訂正の手続によるべきです（大正4・7・7民1008号回答）。しかし，届出に基づき戸籍の記載手続がとられた場合でも，その届出事項のうち，一部が不備のため戸籍に記載ができなかったときは，この部分に限り届出の追完を認めています（大正4・1・9民1009号回答）。例えば，親権事項の記載を遺漏した離婚届出は，親権事項につき追完の届出に基づき記載すべきです。

4 渉外的要素をもつ場合

これまでに述べたことは，渉外的要素をもつ戸籍の届出にも当てはまります。渉外戸籍のうち，事件本人のうちに日本人がいる場合は，当該日本人の戸籍に届出事項が記載されますから，その届書の記載に不備がある場合，追完の届出により対処することがあります。例えば，法定期間内に出生届をしたのに，国籍留保の届出がない場合は，追完届により対処します（昭和35・6・20民事甲1495号回答ほか）。

また，日本人男が外国人女（母）の子を認知する旨の届書を提出したものの，子の保護要件として母の同意が必要であることが調査の段階で判明したような場合は，当該認知について子の母の同意があることの証明（母の同意書の添付，認知届書その他欄への認知に同意する旨の

記載及び母の署名等）を求め，その証明の追完があれば，受理して差し支えないものとされています（モルドバ人女の子の認知に関する令和1・12・19民一1001号回答）。

　さらには，外国人がわが国で出生したり，死亡したときは，戸籍法の属地的効力から，出生届や死亡届をすることを要しますが，その記載に誤りがあるとき等も追完届により対処します。外国人同士の身分行為についても，市区町村長に届け出ることにより成立します（通則法34条）が，これについても同様です。その理由は，事件本人が外国人のみの場合は，戸籍には記載されませんが，その届書に基づき，身分行為等を公証するからです。外国人に関する届書の記載に不備がある場合は，届出の追完を認め，この追完届と合わせて，外国人の身分行為等を公証し，もって，誤りのない身分関係等を公証するのです。その詳細は，次問（問2）を参照願います。

　　〔注〕　ここにいう「戸籍の記載後」とは，記載事項の末尾に市区町村長の認印を押した後（戸籍システムにおいては決裁の処分後）のことを指します（戸規32条）。戸籍事務担当者が，届出に基づきその届出事項を戸籍に記載する過程で，記載事項の末尾に市区町村長の認印を押す前の再チェックの段階で記載の誤りに気がついた場合は，「訂正」「加入」「削除」の措置を講じて修正することが可能です（戸規31条4項）。これを「誤記訂正」と称しています。

> **問2** 日本に居住する外国人の出生届又は外国人同士の婚姻届等外国人のみを事件本人とする届出について，届書の記載に錯誤等があって追完がされた場合，どのように処理すべきですか。

答 　当該追完の届書及びその添付書類等を審査し，基本の届書に錯誤等があることが判明したときは，これを受理します。そして，基本の届書と追完の届書を合わせて保管し，これらに基づき，当該身分行為等を公証します。

【解説】

1　追完届の受理

　外国人がわが国で出生したり，死亡したときは，戸籍法の属地的効力から，出生届や死亡届をすることを要します（改訂Ⅰ第1章の問5(19頁)）。また，外国人同士の身分行為については，その本国の大使館や領事館に届け出ることにより成立させることができるのみならず，わが国の方式である市区町村長に届け出ることによっても成立させることができます（通則法24条2項・34条2項）。

　そして，外国人の身分行為等については，事件本人に日本人がいない限り，戸籍に記載されることはありませんが，その届書に基づき，身分行為等を公証します。

　そこで，届書の記載に錯誤等があれば，これを是正しなければ，正しい身分行為を公証することができません。このようなことから，届書の記載に錯誤等があれば，戸籍法第45条の規定を適用し，届出の追完をすることが認められています。

　市区町村長とすれば，このような追完の届出があった場合は，その添付書類や従前に提出されていた基本の届書等を精査し，基本の届書

に錯誤等があることが判明したときは，追完の届出を受理し，基本の届書と追完の届書とを合わせて，外国人の身分行為等を公証し，もって，誤りのない身分関係等を公証します。このように外国人同士の身分行為に追完届出を認めて，これによっても身分関係を公証するというのは，戸籍訂正の手続に似ています。そこで，戸籍法第116条に基づいて戸籍訂正をすることを要するような場合は，追完届出においても，身分行為の無効を確認する裁判の謄本等の添付が必要です（昭和40・5・13民事甲794号・797号回答）。このような裁判の謄本無くして追完届出により身分行為を公証すると，誤った身分関係を公証することにもなりかねないからです。

2　届書の保存と公証

　外国人に関する届出は，戸籍の記載を要しない届出ですから，その届書は，戸籍記載不要の届書類として，受理した市区町村長において，創設的届出に関するものは，当該年度の翌年から50年間，報告的届出に関するものは，当該年度の翌年から10年間保存しなければなりません（戸規50条）。

　したがって，外国人の届出に関する追完の届出があったときは，追完の届書を戸籍記載不要の届書類として保存している基本の届書類と一括して保存するとともに（昭和40・4・23民事甲869号回答，昭和40・5・13民事甲796号回答），所定の期間保存しなければなりません。

　基本の届書の保存期間が経過したことにより，それを廃棄するときは，追完届も合わせて廃棄しても差し支えないものと思われます。なお，基本の届書の保存期間が経過し，これが廃棄された後においても，受付帳を頼りに追完届を受理することが可能です（例えば，外国人の出生の届書が10年の保存期間が経過し，それが廃棄された後に，親の氏名の記載に誤りがあったとして追完届がされたような場合）。

　この場合は，追完届出があったときから，その保存期間を算定するのが相当です。

このような追完届出があった場合において，例えば，婚姻に関する証明書の申請があったときは，基本の届書と追完の届書とを合わせ，追完届出による訂正後の事項について，婚姻届受理証明書を発行します（戸48条）。そのため，戸籍システムでは，標準準則第32条に基づき，それぞれの受理番号を関連受領番号欄でひも付けします。

> **問3　届出の追完は，戸籍訂正とどのような違いがあります
> か。**

答　　届出の追完は，届出後戸籍の記載前に届書の不備を発見し，
届書の記載を補正する措置であり，戸籍訂正は，戸籍の記載完
了後に記載の違法又は錯誤若しくは遺漏を訂正する措置です。

【解　説】

1　届出の追完と戸籍訂正

　市区町村長が，戸籍届出の受理に当たって届書の不備を看過して，
そのまま受理し，戸籍に記載する段階になってはじめてその不備を発
見した場合に，届書の不備を是正させる措置が届出の追完です。一方，
戸籍訂正は，戸籍の記載完了後に，その記載が実体に合致しない場合
又は法令に違背する場合に，その戸籍の記載を是正するための措置で
す。したがって，戸籍訂正には，その対象となる戸籍の記載があるこ
とを前提とし，その戸籍の記載について一部遺漏等の過誤があること
を要しますから，たとえ届出が受理されても，戸籍の記載がされてい
ない場合には，戸籍訂正の問題が生ずる余地はありません。その場合
の不備は，届出の追完によって補正すれば足りるからです。他方，届
書の不備を看過して受理し，そのまま戸籍の記載を完了してしまった
後（戸籍システムでは，決裁の処分を行った後）にその不備が発見され
たときは，原則として，追完によって補正することは許されず，戸籍
訂正手続によって是正しなければなりません（大正4・7・7民1008
号回答）。

2　戸籍記載後の例外的に認められる追完

　追完は，上記1のとおり，原則的には届出の受理後・戸籍の記載前
に許されるものですが，戸籍の記載後においても追完が許される場合

があります。例えば，次のような事例がそうです（木村三男著『注解戸籍届出追完の実務』13頁以下参照）。

(1) 父母の婚姻前の出生子につき，婚姻後母から嫡出子出生届がなされ，誤ってこれを受理して子を婚姻後の父母の戸籍に入籍させている事案について，父から当該出生届の届出人として父を加える旨の追完（昭和31・12・4民事甲2709号回答）

(2) 未成年者である母が自己の嫡出でない子の養子縁組について代諾している場合に，その縁組当時既に同母について選任されていた未成年後見人（正当代諾権者）から代諾する旨の追完（昭和25・9・12民事甲2467号通達）。

(3) 父母協議離婚の際，同届書に未成年の子の親権者に関する記載を遺漏した場合の追完（昭和25・5・10～12岡山戸協決）。

(4) 夫婦の戸籍につき筆頭者のみからした転籍届を誤って受理し，戸籍の記載をした（夫婦の転籍戸籍を編製した）後，配偶者とともに届出をする旨の追完（昭和26・2・12民事甲238号回答）

(5) 正当な代諾権を有する者の代諾のない縁組がされている場合に，
　ア　縁組につき，届出当時の正当な代諾権者から縁組届の誤記を理由に代諾する旨の追完届があった場合には，これを受理し，関係戸籍に追完届があった旨補記する（昭和30・8・1民事甲1602号通達）。
　イ　15歳に達した養子本人から，当該養子縁組を追認している旨の追完届があった場合には，これを受理し，その旨を戸籍に補記する（昭和34・4・8民事甲624号通達）。

3　外国人の届出に関する追完

追完は，戸籍法第45条が「……届出を受理した場合に，届書に不備があるため戸籍の記載をすることができないとき……」としていることから，戸籍の記載事項について認めているように解されます。しかし，戸籍先例では，届書の不備事項があれば，たとえ戸籍の記載事項

以外の事項及び添付書類に関するものであっても追完を認めています（大正4・6・26民519号回答）。

　ところで，戸籍法は，日本国内に在る外国人についても適用される（属地的効力）ことから，国内において発生した出生，死亡等の報告的届出事件については届出義務を有し，正当な理由がなく期間内に届出を怠ったときは，その責めを負うものとされています（戸137条）。また，婚姻，離婚等の創設的な身分行為については，日本の方式による届出によってすることができます（昭和24・3・23民事甲3961号回答，昭和27・9・18民事甲274号回答，通則法24条2項・34条）。このような外国人に関する戸籍の届出があった場合，その届書は，その身分関係を公証する上で，戸籍に代わる重要な証明書類ですから，もし，届出に不備があるときは，その不備を補完し又は是正するため，追完の届出をすることが認められます。

　外国人に関する届出は，戸籍の記載を要しない届出であり，その届書は，戸籍の記載不要の届出書類として受理した市区町村において，婚姻等の創設的届出に関するものは，当該年度の翌年から50年間，出生届等報告的届出に関するものは，当該年度の翌年から10年間保存することとされています（戸規50条）。したがって，外国人の届出について，その不備等を是正するためにされた追完の届出は，基本の届書類とともに所定の期間，保存することを要します。戸籍システムでは，外国人に関しては受付帳の記録が作成されるのみとなります。そのため，基本の届出に対して追完の届出があったことを受付帳の画面から容易に検索できるようにする必要があります。標準準則第32条に基づいて，それぞれの受理番号を，それぞれの受付帳の関連受領番号欄に交互に入力し，ひも付けします。戸籍法第48条第1項に基づく受理証明書を発行する際は，追完届出後の内容で証明する必要があるため，万全を期す必要があるためです。

問4　届出の追完は，どのような方法でするのですか。

答　届出の追完は，不備のある届出をした届出人（報告的届出については，届出人以外の他の届出義務者を含む。）から，「追完の届出」という届出の形式によって行います。

【解 説】

1　追完の方法

　届出の追完は，市区町村長が届出の受理に際し，届書の不備を看過して受理した後において，その不備を発見した場合に，その不備を是正するためにとられる措置です。届出の受理前に届書の不備を発見した場合は，届出人において届書の誤記載等を訂正してもらった上で，受理するのが相当であり，市区町村の担当者は，届出人に対しこの点を指導すべきです。他方，届出を受理した場合は，その受理処分によって婚姻等の身分行為が成立することもあり，その後の是正措置としては，不備のある届書に直接手を加えてその不備を補記し又は訂正すべきものではなく，不備のある届書はそのままにしておいて，これとは別個の「追完の届出」という形式によって行うことを要します（戸45条）。

2　追完届書の記載事項等

　追完の届出も届出の一つですから（戸規23条2項），その性質に反しない限り，原則として届出に関する一般の規定が適用されます。すなわち，追完の届出は，届書又は口頭によってすることができ（戸27条），また，追完の届書には，届出事件の表示，届出年月日，届出人の出生の年月日，住所及び戸籍の表示等の記載が必要です。したがって，届出人はこれらの記載をした上，これに署名する（戸29条，戸規62条）ほか，追完の届出の性質上，不備のある届出である基本の届出事件の

表示，事件本人の氏名，受理の年月日，追完の対象となる事項及びこれに対する追記又は訂正の具体的内容である追完事項も記載することが必要です。なお，外国人が戸籍の届出をする場合には，その国籍に関係なく，署名，すなわちサインのみで足りるとされており（明治32年法律50号「外国人ノ署名捺印及無資力証明ニ関スル法律」，改訂Ⅰ第2章の問57（222頁）参照），このことは，外国人が追完の届出をする事例についても変わりません。

3　外国人の届出に関する追完届

　外国人に関する届出の追完方法も，原則として届出に関する規定が適用されますから，追完の方法及び追完届書の記載事項等に関しては，前記1及び2の解説と同様となります。なお，例えば，届出事件本人が外国人のみの場合と日本人も届出事件本人となっている場合の追完届書式例については，問8（131頁），問33（267頁）を参照願います。

問5　届出の追完には，届出期間や届出をすべき者の定めがあるのですか。

答　受理された戸籍の届出について不備があるため，戸籍の記載ができないとして，市区町村長から追完の届出の催告があった場合は，催告書に記載された所定の期間内に追完の届出をしなければなりません。また，追完の届出をすべき者は，通常の場合は不備な届出をした当該届出人ですが，他に当該届出の義務を有する者がある場合は，その者からでも追完の届出ができると解されています。

【解　説】

1　追完の届出期間

　市区町村長は，届出を受理した場合に届書に不備があるため戸籍の記載ができないときは，届出人から追完をしてもらうことが必要となります（戸45条）。そこで，市区町村長は，届出人に対して，一般の届出の催告と同じように，相当の期間〔注1〕を定めてその期間内に追完の届出をするよう催告しなければなりません（戸45条で準用する戸44条1項）。一方，この催告を受けた届出人は，催告書に記載された所定の期間内に追完の届出をすることを要します。所定の期間内に追完の届出をしないときは，それが報告的届出に関するものであると，創設的届出に関するものであるとを問わず，一般の届出懈怠の場合と同様に，戸籍法第137条に規定する罰則の適用があります。

　なお，追完の催告に応じない届出人に対しては，再度相当の期間を定めて催告をすることができ（戸45条で準用する戸44条2項），それでもなお催告に応じないときは，市区町村長は，管轄法務局長等の許可を得て，判明している事項について職権で戸籍の記載をすることがで

きるとされています（戸45条で準用する戸44条３項・24条２項，大正４・
６・26民519号回答）〔**注２**〕。

２ 追完の届出人

(1) 報告的届出の場合

追完の届出ができるのは，届書の記載等に不備がある届出をした届
出人ですが，必ずしも届書の記載等に不備のある届出をした届出人の
みに限られません。報告的届出事件においては，当該届出事件につい
て他に届出義務を有する者があれば，その者からでも追完の届出がで
きると解されています（大正３・12・28民1962号回答）。また，届出義
務者ではないが，届出ができる資格を有する者も追完の届出ができる
と解されます。例えば，無国籍の女性が日本で婚姻外の子を出生した
場合，子は日本の国籍を取得します（国２条３号）が，その子を外国
人として出生の届出をした場合において，その出生の届出に対し，子
の称する氏及び新戸籍編製の場所について追完の届出をしたときは，
その子につき新戸籍を編製します。この場合，当初の出生届出人であ
る母が追完の届出をする前に死亡しているときは，第二順位以下の出
生の届出義務者が追完の届出をすることができると解されています
（昭和38・１・７民事甲3771号回答）。

(2) 創設的届出の場合

婚姻や縁組等の創設的届出の場合は，届書の記載等に不備のある届
出をした届出人本人のみが追完の届出をすることができます。婚姻や
縁組等のように届出人が数人ある場合において，その届出の効力に影
響を及ぼす事項に関しては，当初の届出をした届出人全員によって追
完の届出をするのが原則です。しかし，届出の効力に影響を及ぼさな
い事項に関しては，数人の届出人のうち一人が追完の届出をすれば足
ります（大正８・６・26民事841号回答）。例えば，正当代諾権者以外の
者からした届出によって戸籍に記載された養子縁組について，その届
出後に養親が死亡したとしても，その養親の縁組意思は当初の届書の

記載で明確にされているとの趣旨により、養子のみの一方的な追完の届出であっても差し支えないものとされています（昭和34・5・29民事二発265号回答）。また、婚姻の届出においても、夫婦の氏の選択に関する事項のように婚姻の実体に影響を及ぼさない事項について届書に記載を遺漏している場合（例えば、夫婦の称する氏について記載を遺漏している場合）において、夫婦の一方の死亡又は所在不明等の事由によって夫婦双方から追完の届出をすることができないときは、便宜他の一方のみからの追完の届出が認められています（そうでないと、当該夫婦について、婚姻による新戸籍の編製ができないからです。昭和30・6・28民事二発255号回答、昭和42・9・27〜28高知局戸住協決議問10）。

3　外国人の届出に関する追完の届出期間

(1)　外国人を当事者とする追完の届出

　届出の追完は、渉外的要素をもつ戸籍の届出にも当てはまります。渉外戸籍のうち、事件本人に日本人がいる場合は、当該日本人の戸籍に届出事項が記載されますから、その届書の記載に不備があるときは、追完の届出により対処し、この場合は、1で説明したのと同様の届出期間となります。すなわち、市区町村長が審査の過程で届書に不備があることを発見したときは、届出人に対して、一般の届出と同じように、相当の期間を定めてその期間内に追完の届出をするよう催告しなければなりません（戸45条で準用する戸44条2項）。この催告を受けた届出人は、催告書に記載された所定の期間内に追完の届出をすることを要します（前記1参照）。

　ところで、外国人がわが国で出生したり死亡したとき等は、出生届や死亡届をすることを要し、また、外国人同士の婚姻等の身分行為については、当該本国の駐日大使館や領事館における手続により成立させることもできますが、わが国の市区町村長に届け出ることによって成立させることもできます（改訂Ⅲ第2章の問10（38頁）参照）。そして、

外国人の身分行為等については，事件本人に日本人がいない限り，戸籍に記載されることはありませんから，届書に基づいてその外国人の身分行為等を公証します。そして，届書の記載に錯誤等があれば，追完の届出により是正し，基本の届書と追完の届書とを合わせて，誤りのない外国人の身分行為等を公証します。この場合は，戸籍の記載をしない（戸籍システムでは，受付帳のみが作成される）ため，届出を受理した市区町村長から催告されないとしても，事件本人等が錯誤等を発見したときは，追完届を速やかに行うべきです。

(2)　外国人の届出に対する追完届の例

　例えば，子の出生の届出に際し，届書に子の名の記載を誤記して届け出た場合は，一般に戸籍の記載前であればこれを正しく訂正する旨の追完の届出が許されています（昭和30・8・5～6仙台局宮城県戸協決議・昭和31・4・26民事局変更指示）。外国人である子の出生届出受理後，名の誤記を理由として，相当期間経過後に基本の届書に記載した名とは全く別の名に訂正する旨の追完届があった場合でも，これを受理して差し支えないとされた事例があります（昭和31・12・18民事甲2854号回答）。しかし，その後の先例において，名の訂正に関する追完の届出は，出生の届出当時，届出人が真に子の名を誤記したと認められる相当の理由がある場合に限って認められるものであって，出生の届出後相当期間を経過して，事実上名の変更を来すような場合にまでこれを認める趣旨ではないから，このような追完の届出の取扱いについては，遺憾のないよう慎重を期するべきことが示されています（昭和52・2・21民二1354号回答）。

〔注1〕　市区町村（催告者）と被催告者の所在地，郵便事情等を考慮し，通知書及び届書の郵送等に要すると考えられる応当日数を設定すべきものと考えます。

〔注2〕　市区町村の戸籍窓口においては，届出後，補正等の連絡をした日

から2週間程度の間に補正等がされない場合には，戸籍法第45条（規則64条）に基づく1回目の催告（補正等の期間は2週間程度）を行い，その後補正等がされない場合には，2回目の催告を行い，さらに2週間程度の間に補正等がされない場合には不受理処分を行っています。この点，在外公館では，届出人と連絡が取れず，又は連絡が取れても適正な補正等がされない届出が増加している傾向にあることに鑑み，補正や追完の取扱いにつき，平成25年3月6日民一第203号回答では，次のとおりするものとされていますので，参考のため，注記しておきます。

① 届出された届書に不備がある場合の補正・追完手続

在外公館長は，戸籍法第40条の規定による届出の受理について市区町村長と同一の権限を有し，届書の補正等についても法及び規則に規定する手続に則して行うことが適切であると考えられることから，届書の補正等の手続は上記の市区町村長の取扱いに準じて行うこととする。

ただし，海外に在住する邦人の届出期間については，戸籍法第41条及び第104条において在外公館までの交通事情や添付する外国の証明書発行に要する時間等を考慮し，身分関係の変動から3か月以内とされていることに鑑み，補正等に要する期間の単位を3か月として運用する。

すなわち，在外公館長に届出後，補正等の連絡をした日から3か月程度の間に補正等がされない場合には，戸籍法第45条（規則64条）に基づき書面にて1回目の催告（補正・追完期間は3か月程度）を行い，その後補正等がされない場合には書面にて2回目の催告を行い，さらに3か月程度の間に補正等がされない場合には本省経伺後に不受理処分とする。

② 不受理処分とした後の届書の保存

届書を不受理処分とした場合には，原則として当該届書を届出人に返却する。

ただし，届出人と連絡が取れない場合には，当該年の受付帳に編綴し，保存期間の満了（10年）を待って廃棄する。

答　追完の届出地は，基本の届出を受理した市区町村のみに限られず，その届書の送付を受けた市区町村に追完の届出をすることが許されます。

　　なお，外国人のみを事件本人とする届出の場合は，基本の届出を受理した市区町村に限られると解するのが相当と考えます。

【解　説】

1　通常の場合

　追完の届出は，届書の記載等に不備のある基本の届出を受理した市区町村長に対してするのが通例です〔注1〕。しかし，必ずしもその受理市区町村長のみに限定されるべきではなく，その届書の送付を受けた市区町村長に対しても追完の届出をすることが許されるものとされています（大正3・5・19民793号回答，大正3・12・28民1125号回答）。

2　本籍地への追完届出とその取扱い

　例えば，非本籍地の市区町村長が出生届を受理して，本籍地に送付したところ，本籍地において戸籍簿等と照合し審査した結果，届書の記載に不備のあることを発見したときは，直接本籍地の市区町村長において追完の届出を受理して戸籍の記載をして差し支えありません。この場合，先例は，本籍地の市区町村長は，基本の届出を受理した非本籍地の市区町村長に追完届書の1通を送付する必要はないとしています（昭和24・10・15民事甲2338号回答）。これは，非本籍地に追完の届書が送付されたとしても，非本籍地においては，戸籍の記載は何ら必要ではなく，また，追完の届出が翌月にされた場合には，追完の届出がされた事実は一見明らかでなく，追完の届書を送付する実益がないという趣旨に基づくものです（昭和24・10・15民事甲2338号回答）〔注

2〕。なお，受理地の市区町村において戸籍訂正の必要があるときは，相当の通知をすべきものとされています(大正3・12・28民1125号回答)。

　事件本人が，外国人のみの届出の場合は，本籍はなく，また，市区町村間で届書の送付が行われることはありませんから，基本の届出を受理した市区町村に限られると解するのが相当と考えます。

〔注1〕　基本の届出を受理した市区町村では，当該届出につき受附帳に登載しているので（戸規21条～23条），その記載から届出の内容等を知ることができます。また，外国人を届出事件の本人とする戸籍届書は，これを受理した市区町村において保管しているところです（戸規50条）。これらのことから，基本の届出に何らかの不備があって追完の届出をするときは，当該基本の届出を受理した市区町村に対してするのが何かと便宜であり，得策といえるでしょう（仮に，基本の届出とは何ら関係のない他の市区町村に追完の届出をしようとするときは，その届出を受理した市区町村長から「届出受理証明書」又は「届書記載事項証明書」（戸48条，戸規66条1項・79条の5）の交付を得た上，これを添付してしなければならないこととなる。）。戸籍システムにおいては，基本の届出の受理番号と追完の届出の受理番号を関連受領番号として，それぞれひも付ける処理をします（標準準則32条）。

〔注2〕　このような場合，追完届を受理した本籍地市区町村においては，基本の届出を受理した非本籍地市区町村の事務処理の便宜上，追完届書の一通を非本籍地市区町村に送付しているのが実情のようです。

答　　追完の届出も届出事件の一つですから，原則として受附帳に所要の記載をすることが必要です。なお，不備な届書に基づいて戸籍の記載をし，管轄法務局に届書を送付した後，未記載の部分（先例により戸籍記載後の追完が認められている例外的場合）について追完の届出があったときの戸籍の処理は，後述（解説）のとおりです。

【解　説】

1　受附帳への記載等

　追完届も届出事件の一つであることから，原則として一般の届出と同様に，届書に受附番号及び年月日を記載するとともに，受附帳にも所要の記載をすることが必要です（戸規20条・21条）。例えば，届出の受理後戸籍の記載前に，その届出事項につき不備のあることを発見し，戸籍の記載を保留している場合において，その不備の点について追完の届出がされたときは，その追完の届書に受附番号及び年月日を記載するとともに，受附帳にもその件名を「その他（追完）」又は「雑（追完）」と記載し（戸規23条2項参照），その他の所要事項を記載した上，備考欄に先に受理した基本の届出との関連（「　年　月　日受附第　号参照」等）を付記しておきます（標準準則32条）。

　しかし，戸籍の記載前に追完の届出がされた場合は，先に受理した基本の届書と合わせて一つの完全な届出があったものとして戸籍の記載をすべきものであるため，別に追完事項の記載は要しないとされています（大正6・3・6民197号回答）。例えば，基本の届出を受理した市区町村において追完届を受理し，これを基本の届書とともに一件の

届書として本籍地の市区町村長に送付があった場合は，送付を受けた市区町村長は両届書を一括して完全な届書として処理します（前掲民197号回答）。この場合，基本の届書のみについて受附番号及び年月日を記載し，受附帳に登載すれば足り，追完の届書には何らの処理も要しません（昭和3・6・28民事8062号回答）。

2　管轄法務局への追完届書の送付

(1)　戸籍記載後の追完の場合

届出の追完は，原則的には届出の受理後・戸籍の記載前に認められるべきものですが，前述のとおり（問3の2（116頁）），戸籍の記載後においても追完が許される場合があります。その一例を挙げれば，父母の婚姻前の出生子について，婚姻後に母からされた嫡出子出生届を誤って受理し，子を婚姻後の父母の戸籍に入籍させている事案（117頁の2(1)）について，父から当該出生届につき父を届出人として加える旨の追完届があった場合は，これを受理した上，子の出生事項に続けて追完事項を記載する取扱いが認められています（昭和31・12・4民事甲2709号回答）。このように，不備な届書に基づいて戸籍に記載をした後，その届書を管轄法務局に送付し（戸規48条），その後，未記載の部分について追完の届出があった場合は，更にこれに基づいて戸籍の記載をした上，当該追完届書を管轄法務局に送付することを要します（戸規48条）。この場合に，基本の届書が管轄法務局に送付済みであるときは，追完届書については，当該処理月分の他の届書類とともに管轄法務局に送付します。

(2)　戸籍記載前の追完の場合

戸籍の記載前に追完の届出がされた場合には，その追完届は，基本の届書に対する一種の添付書類ともみられるものですから，基本の届書に添付して管轄法務局に送付します。したがって，この場合は，送付目録（戸規48条1項本文）に，当該追完届については何らの記載も要しません（昭和25・2・16民事甲450号回答）。

3 外国人のみを事件本人とする追完届書の処理

　事件本人が外国人のみに関する届出は，戸籍の記載を要しない届出ですから，その届書は，戸籍記載不要の届書類として，受理した市区町村において創設的届出に関するものは当該年度の翌年から50年間，報告的届出に関するものは当該年度の翌年から10年間保存しなければなりません（戸規50条）。したがって，事件本人が外国人のみの届出に関する追完の届出があったときは，一般の届出と同様に届書に受附番号及び年月日を記載するとともに，受附帳にも所要の事項を記載します。その上で，追完の届書を戸籍の記載不要届書類として保存している基本の届書類とともに，所定の期間保存しなければなりません。

　なお，外国人に関する戸籍システムでの受付帳の処理については，問３の**3**（117頁）を参照願います。

第2章　出生届に関するもの

> **問8**　外国人夫婦間に出生した子につき，父からされた出生届の受理後，父から届書に子の名を誤記したとして，これを訂正する追完の届出があった場合，受理することができますか。

答　外国人夫婦間に出生した子につき，父からされた出生届の受理後，父から届書に子の名を誤記したとして，これを訂正する追完の届出があった場合は，届出人が真に子の名を誤記したと認められる相当の理由がある場合に限り，受理することができます。

【解 説】

1　戸籍法の効力

　戸籍法は，人の身分関係を登録・公証することを目的とする行政法規としての実質をもっており，国内に在ると国外に在るとを問わず，すべての日本人について適用されるだけでなく（属人的効力），外国人についても，その性質上適用されない規定を除いて，日本国内に在る限り適用されます（属地的効力）。したがって，外国人であっても子が日本国内で出生したときは，その父母等が，戸籍法の規定に基づいて出生届をすべき義務があります（戸52条，昭和24・3・23民事甲3961号回答。なお，南敏文編著『全訂Q&A渉外戸籍と国際私法』66頁以下参照）。

2 子の出生届出受理後に名を誤記したとして訂正する旨の追完の届出

　追完の届出は，基本の届書の誤記又は遺漏を訂正又は補完することを目的とするものであり，原則として，当該基本の届出の受理後戸籍の記載前に認められるものです（戸45条）。したがって，基本の届書の不備を看過して受理し，そのまま戸籍の記載を完了した後に，その届書の不備により戸籍の記載に過誤，遺漏等を生じていることを発見したときは，原則として，追完の届出によって訂正することは許されず，戸籍訂正手続によって是正すべきこととなります（大正4・7・7民1008号回答）。なお，追完の届出をすべき届書の不備は，記載の脱漏だけにとどまらず，誤った記載をも含むと解されているので（前掲先例），例えば，出生の届出に際し，子の名の記載を誤記した場合は，戸籍の記載前であれば，これを是正するための追完の届出をすることができます（昭和30・8・5～6仙台局宮城県戸協決議・昭和31・4・26民事局変更指示）。しかし，いったん戸籍の記載がされた以上は，上記の追完届は認められず，これを訂正するには戸籍法第113条の訂正手続を要します。

3 設問における追完の届出の受否

　戸籍法は，前記1のとおり，日本国内に在る外国人についても，その性質上適用されない規定を除いて適用される結果，外国人が日本国内で出生しあるいは死亡した場合等には，その届出をすべきものとされています。しかし，外国人については，性質上，戸籍の編製・記載はされず，当該届書が所定の期間保存されるのみです（戸規50条）。そのため，例えば，外国人子の出生届出が受理された後，その届出時に子の名を届書に誤記したという場合は，届出の追完によって訂正せざるを得ないこととなります。ちなみに，この場合，戸籍先例は，当初の届出の際の名とは，全く別の名に訂正する旨の追完届出であっても，これを受理して差し支えないとしています（昭和30・2・16民事

甲311号回答，昭和31・12・18民事甲2854号回答）。しかし，名の訂正に関する追完の届出は，出生の届出当時において，届出人が真に子の名を誤記したと認められる相当の理由がある場合に限り認められるものであって，相当の期間を経過した結果，事実上名の変更を来すような場合にまでこれを認める趣旨ではないから，その取扱いについては，遺憾のないようにすべきです。また，出生届出日からの経過期間にもよりますが，本国の身分登録に関する証明書等，公的資料の添付のない場合等は，実情に応じて，管轄法務局に受理照会の上で処理することも差し支えないものとされています（昭和52・2・21民二1354号回答）。

設問の事例についても，上記の趣旨に沿って処理すべきであると解します。この場合の追完届書の記載例については，次頁のとおりです。

追完届書

<table>
<tr><td colspan="2" rowspan="2" style="text-align:center"><h2>追 完 届</h2></td><td rowspan="2">受附</td><td>令和 5 年 6 月 24 日</td><td>第 2843 号</td></tr>
<tr><td colspan="2">書類調査 戸籍記載 記載調査 附 票 住 民 票 通 知</td></tr>
</table>

東京都千代田 市⊠町村 長 殿

令和 5 年 6 月 24 日届出

(一)	種　　　類	出生届	届出の年月日	令和 5 年 6 月13日	基本届出事件の受付年月日及び受付番号	令和 5 年 6 月13日
(二)	届　出　人	李　　正　根				第 2610 号
(三)	本　　　籍	国籍 韓 国				
	筆頭者氏名					
(四)	住所及び世帯主氏名	東京都千代田区平河町1丁目5番12号　李正根				
(五)	氏　　　名	李　　泰　敬				
	生年月日	令和 5 年 6 月 6 日				
(六)	追 完 の 事 由	事件本人の名を誤記した。				
(七)	追 完 す る 事 項	事件本人の名「泰敬」を「泰啓」と訂正する。				
(八)	添 付 書 類					
(九)	届出人 本　　　籍	韓 国				
	筆頭者氏名					
	住　　　所	東京都千代田区平河町1丁目5番12号				
	届出人の資格及び署名（※押印は任意）	父 李　　正　根 ㊞				
	生 年 月 日	西暦1990年 5 月 4 日				

※ この後，外国人住民票に対する住民基本台帳法第9条第2項の通知を発出します。

問9　昭和59年国籍法改正前において，アメリカ人男と日本人女の婚姻成立200日後の出生子について，母から嫡出子出生届がされた後，アメリカ人男との親子関係不存在確認の裁判（申立人同男）が確定し，先の出生届を嫡出でない子の出生届とする追完の届出がされた場合，どのように処理すべきですか。

答　アメリカ人男と日本人女の婚姻成立200日後の出生子について，母から嫡出子出生届がされた後，同男との親子関係不存在確認の裁判が確定し，先の出生届を嫡出でない子の出生届とする追完の届出がされた場合，基本の出生の届出と追完の届出とを合わせて一体のものとして取り扱い，これに基づいて，子を日本人女の嫡出でない子として，母の戸籍に入籍させる処理をすべきです。

【解　説】

1　平成元年の法例改正前における子の嫡出性に関する準拠法

　渉外的親子関係における子の嫡出性に関する準拠法については，昭和59年当時の法例（平成元年法律第27号による改正（平成2・1・1施行）前の法例）第17条は，「子ノ嫡出ナルヤ否ヤハ其出生ノ当時母ノ夫ノ属シタル国ノ法律ニ依リテ之ヲ定ム」と規定し，母の夫の本国法主義を採用していました。このことから，例えば，日本人男と外国人女夫婦間に出生した子の嫡出性に関しては，日本の民法が準拠法となり，外国人男と日本人女夫婦間に出生した子の嫡出性に関しては，夫である外国人男の属する国の法律が準拠法になることとされていました。そうすると，設問におけるアメリカ人男と日本人女の婚姻成立200日後の出生子については，母の夫であるアメリカ人男の本国法（正確に

はアメリカ合衆国の所属州法）が準拠法となりますが，戸籍実務においては，アメリカ合衆国の国際私法の原則によれば，子の嫡出性を決定する準拠法は子の出生地の法律によるものと解されており，いわゆる反致（改正前の法例29条）により（設問の出生子は，後述のとおり，出生当時の国籍法により日本国籍を取得しないところ，出生の届出をしている点からみて，日本国内で出生したものと考えられる。），結局，わが国の民法が準拠法になります（昭和28・6・19民事甲972号回答）。したがって，当該出生子の嫡出性ないしその否認については，いずれも日本の法律に準拠すべきこととなります。

2　わが国における子の嫡出性

　わが国の民法においては，婚姻成立の日から200日を経過した後又は婚姻の解消（死亡・離婚）若しくは取消しの日から300日以内に生まれた子は婚姻中に懐胎されたものとして，夫の子と推定するものとされています（民772条）。そして，この推定を覆すためには，夫が子の出生を知った時から1年以内に嫡出子否認の訴えを提起してその確定判決（又は審判）を得ることを要するとされています（民774条・775条・777条）。もっとも，夫の服役・外国滞在・別居等により妻が夫の子を懐胎し得ない事情の下で出生した子については，親子関係不存在確認の裁判によって父子関係を否定することができるとされています（最判昭和44・5・29-民集23巻6号1064頁）。設問の出生子については，前記1で述べたように，わが国の民法によってアメリカ人男の嫡出子と推定されるところ，その後の親子関係不存在確認の裁判の確定により，父子関係が否認され，結局，生来の日本人母の嫡出でない子であるということになります。

3　昭和59年国籍法改正前における出生による日本国籍の取得

　昭和59年法律第45号による国籍法の改正（昭和60・1・1施行）前においては，出生による国籍の取得につき父系血統主義が採られていたため，前記1及び2により，アメリカ人男の嫡出子と推定された設

問の出生子は，日本国籍を取得しないものとして扱われていた（したがって，当該出生届書は外国人に関する届書として受理市区町村長において保管―戸規50条）ところですが，その後，アメリカ人男との親子関係不存在確認の裁判の確定により，結局，日本人女の嫡出でない子として，出生当初から日本国籍を保有していたこととなります（改正前の国2条3号）。

なお，子が上記国籍法改正後に出生した場合，子は日本国籍を取得していますが，この場合において設問と同じ事態が生じたときは，戸籍訂正が必要となります。その詳細は，改訂Ⅷ第1編第2章の問10（47頁）を参照願います。

4　設問の追完の届出がされた場合の処理

設問における出生子は，前記3のとおり，出生の当初から日本国籍を保有するものであるので，母から，先の嫡出子出生届出に対し，親子関係不存在確認の確定裁判の謄本を添付して，嫡出でない子とする追完の届出がされた場合は，基本の出生の届出と追完の届出とを合わせて一体のものとして取り扱い，これに基づいて，子を日本人女の嫡出でない子として母の戸籍に入籍させます（民790条2項，戸18条2項，昭和35・11・16民事甲2836号回答）。この場合，母の夫であるアメリカ人男とは親子関係不存在確認の裁判が確定している旨を戸籍上明確にしておく趣旨から，出生事項中に同裁判確定及び追完届出の旨を記載すべきものとされています（前掲民事甲2836号回答）。

この場合における戸籍の処理例を示せば，後掲の(1)・(2)のとおりです。

(1)　追完届書

追　完　届

東京都渋谷　市 ⊠ 町村 長　殿

令和 4 年 11 月 20 日届出

受附	令和 4 年 11 月 20 日	第 1256 号
	書類調査 戸籍記載 記載調査附　票 住 民 票 通　知	

(一)	種　　類	出生届	届出の年月日　昭和59年10月26日　基本届出事件の受付年月日及び受付番号　昭和59年10月26日　第 900 号
(二)	届 出 人	乙 野 梅 子	

(三)	事件本人	本　　籍	アメリカ合衆国
		筆頭者氏名	
(四)		住所及び世帯主氏名	東京都渋谷区神宮前4丁目7番12号　乙野梅子
(五)		氏　　名	ブラウン、ジョン
		生年月日	西暦 1984 年 10 月 18日

(六)	追 完 の 事 由	事件本人は、母がその夫国籍アメリカ合衆国ブラウン、ポールとの婚姻成立200日後の出生子につき、嫡出子として出生届をしたが、その後令和4年10月17日ブラウン、ポールとの親子関係不存在確認の裁判が確定し、事件本人は日本人母の非嫡出子として日本国籍を取得し、母の戸籍に入籍することとなるため。
(七)	追 完 す る 事 項	1　事件本人の氏名を「乙野啓太郎」と訂正する。 　2　父母との続柄を「嫡出でない子」とし、「長男」と訂正する。 　3　世帯主との続き柄を「子」と訂正する。 　4　父の氏名、生年月日、満年齢、国籍、同居を始めた年月を消除する。
(八)	添 付 書 類	親子関係不存在確認の裁判の謄本及び確定証明書

(九)	届出人	本　　籍	東京都渋谷区神宮前4丁目37番地
		筆頭者氏名	乙 野 梅 子
		住　　所	東京都渋谷区神宮前4丁目7番12号
		届出人の資格及 び 署 名（※押印は任意）	母 乙 野 梅 子 ㊞
		生 年 月 日	昭和 31 年 5 月 5 日

（**注**）　基本の出生届出当時における嫡出でない子の父母との続柄については，「男」又は「女」と記載することとされていたが，現在は，「長男」又は「長女」等と記載するものとされている（従前の記載については，更正の申出が認められる。）ので（平成16・11・1民一3008号通達参照），本例により追完して差し支えないと解する。

⑵ 〔コンピュータシステムによる証明書記載例〕 母の戸籍

本　　籍	東京都渋谷区神宮前四丁目３７番地
氏　　名	乙野　梅子

戸籍事項 　戸籍編製	（編製事項省略）
戸籍に記録されている者	【名】梅子 【生年月日】昭和３１年５月５日　　　　【配偶者区分】妻 【父】乙野一郎 【母】乙野松子 【続柄】二女
身分事項 　出　　生	（出生事項省略）
分　　籍	（分籍事項省略）
婚　　姻	（婚姻事項省略）
戸籍に記録されている者	【名】啓太郎 【生年月日】昭和５９年１０月１８日 【父】 【母】乙野梅子 【続柄】長男
身分事項 　出　　生	【出生日】昭和５９年１０月１８日 【出生地】東京都渋谷区 【届出日】昭和５９年１０月２６日 【届出人】母 【入籍日】令和４年１１月２０日 【特記事項】令和４年１０月１７日国籍アメリカ合衆国ブラウン，ポールとの親子関係不存在確認の裁判確定同年１１月２０日母追完届出
	以下余白

発行番号

> 問10　日本人父と外国人母間の嫡出子として外国で出生し，父の戸籍に入籍の記載がされている子について，嫡出子否認の裁判が確定したため，子は日本国籍を取得していなかったとして，外国人母から追完の届出がされた場合，受理することができますか。

答　　日本人父と外国人母間の嫡出子として外国で出生し，父の戸籍に入籍の記載がされている子について，嫡出子否認の裁判が確定した場合，当該子は，日本国籍を取得していなかったものとなり，かつ，外国で出生しているため，戸籍法は適用されず，出生の届出義務もないことから，設問の外国人母からの追完の届出は受理することができません。

　　なお，設問の場合は，戸籍訂正をすべきですから，外国人母に対して，その旨を指導することが相当です。

【解 説】

1　嫡出子否認の準拠法

　渉外的嫡出親子関係の成立について，通則法第28条は，子の出生の当時における夫婦の一方の本国法（子の出生前に夫が死亡したときは，その死亡の当時の夫の本国法による。）により子が嫡出子であるときは，その子は，嫡出子であると規定しています。そして，この規定は，子の嫡出性の準拠法を指定するものであるとともに，嫡出親子関係の否認に関する準拠法でもあると解されています。つまり，日本人男と外国人女夫婦間に出生した子は，夫婦の双方の本国法によって嫡出子とされる場合はもちろん，そのいずれか一方の本国法で嫡出子とされる場合にも嫡出子とされる一方，嫡出性を否認することができるのは，夫婦のいずれか一方の本国法によって嫡出子とされる場合には，その

一方の本国法によって嫡出性を否認することができれば足りますが，夫婦のいずれの本国法によっても嫡出子とされる場合には，そのいずれの本国法によっても嫡出性を否認することができる場合でなければならないことになります（改訂Ⅳ第1編第2章の問14（44頁），問15（48頁）参照）。

2　日本人父と外国人母間の子の嫡出子否認

　日本人父と外国人母間の嫡出子として父の戸籍に記載されている子の嫡出性の否認については，日本人父又は外国人母のいずれか一方の本国法のみによって嫡出子とされる場合は，その一方の本国法のみによって，また，日本人父及び外国人母いずれの本国法によっても嫡出子とされる場合は，その双方の本国法によって，それぞれ嫡出性が否認されたときは，父子関係が否認されます。なお，日本人男と外国人女夫婦の子が婚姻後200日以内に出生したため，子が日本の民法上推定されない嫡出子となるような場合において，外国人配偶者の本国法によって嫡出推定が働いているときは，外国人配偶者の本国法による嫡出子否認が認められれば，日本法上の親子関係不存在確認の裁判を提起するまでもなく，父子関係は否認されるものと解されます。嫡出否認の裁判は親子関係不存在の裁判の趣旨も含まれているものと考えられるからです（改訂Ⅳ第1編第2章の問14（44頁）参照）。

3　日本人父と外国人母間の子の出生による日本国籍の取得

　わが国の国籍法第2条は，出生による日本国籍の取得について父母両系血統主義を採用していることから，設問のように日本人父と外国人母間の嫡出子として出生した子は，外国で出生した場合であっても，日本国籍を取得します（国2条1号。なお，当該子が外国人母の国籍又は出生地国の国籍をも取得するときは，国籍留保の届出（国12条，戸104条）が適法にされることを要する。）。設問における出生子もこの場合に該当し，父（又は母）からの嫡出子出生の届出によって日本人父の戸籍に入籍したものと考えられます。

4 設問における出生子の戸籍の処理

設問は，日本人父と外国人母間の嫡出子として外国で出生した子が，前記３により，日本人父の戸籍に入籍した後，嫡出子否認の裁判が確定した場合です。

ところで，設問における嫡出子否認の裁判は，日本人父・外国人母のいずれの本国法を準拠法としてなされたかについては，設問からは必ずしも明らかではありませんが，当該子が現に日本人父の戸籍に入籍していること等からみて，ここでは，日本人父の本国法すなわち日本民法を準拠法として行われたものであり，また，外国人母の本国法もこれを許容する場合と解することとします。

嫡出子否認の制度は，嫡出親子関係の存在を否定することにほかなりません。設問においては，当該子は，嫡出子否認の裁判確定により，日本人父との父子関係が否定され，生来的に日本国籍を保有していなかったことになるため，日本人父の戸籍に入籍（記載）すべきものではなかったこととなります。そこで，当該嫡出子否認の裁判に基づく戸籍法第116条に規定する戸籍訂正手続によって，日本人父の戸籍から当該子の記載全部を消除すべきであるということができます。その結果，当該子は，外国人母の嫡出でない子として扱われるため，本人が日本国内での出生者であれば（この場合は，戸籍法の属地的効力として，出生届出を要することとなる。），先の出生届に対し，届出人（届出義務者）から外国人母の嫡出でない子とする旨の追完届をする必要が生じます（戸45条，改訂Ⅷ第１編の問17（96頁）参照）。他方，設問の場合は，当該子は外国で出生しているため，そもそも戸籍法は適用されず，出生の届出義務も生じないので，外国人母からされた当該追完の届出は，これを受理することができません。

なお，設問では，上記のとおり，当該嫡出子否認の裁判に基づく戸籍法第116条に規定する戸籍訂正手続によって，日本人父の戸籍から当該子の記載全部を消除すべきであるため，外国人母に対しては，日

本人父が判決確定後1か月を経ても戸籍訂正申請をしないときは，子（外国人母が法定代理人）もその申請をすることができる（戸117条）旨を指導するのが相当です。戸籍の処理については，改訂Ⅷ第1編の問11の記載例（57頁）を参照願います。

問11　日本人男が胎児認知し，外国で出生した外国人女の嫡出でない子について，当該日本人男が届出期間内に「同居者」の資格で国籍留保の届出とともにした出生届が誤って受理され，戸籍に記載された後，子の母（外国人女）から国籍留保の旨の追完の届出がされた場合，受理することができますか。

答　外国で出生した外国人女の嫡出でない子について，胎児認知した日本人男が届出期間内に「同居者」の資格で国籍留保の届出とともにした出生届が誤って受理され，戸籍に記載された後，子の母（外国人女）から国籍留保の旨の追完の届出がされた場合，これを直ちに受理することはできません。しかし，その追完の届出により，先の出生届の記載が誤記であり，母の意思に基づく出生及び国籍留保の届出と認めることができる場合であれば，これを受理すると同時に，追完の届書を資料として戸籍法第24条第2項の規定によって，当該子の戸籍の出生事項中，届出人の資格氏名の記載を母の表示に訂正する処理をすることができるものと解されます。

【解　説】
1　嫡出でない子の親子関係の成立に関する準拠法
　渉外関係における嫡出でない子の親子関係の成立については，通則法第29条は，父子関係については子の出生当時における父の本国法（父が子の出生前に死亡したときは，その死亡当時における父の本国法）により，母子関係については出生当時における母の本国法によるものと定めています。また，嫡出でない子の親子関係の成立については，諸国の実質法上，わが国のように親の認知を必要とする認知主義と，

単に出生の事実によって親子関係の成立を認める事実主義（血統主義）とがありますが，通則法第29条はその双方について適用されます（同条１項前段，改訂Ⅳ第１編第２章の問19（62頁）参照）。そこで，設問の事例のように，婚姻関係にない日本人男と外国人女間に出生した子の父子関係は，日本法により，父の認知によって生じることとなり，また，その認知が胎児認知であれば，子の出生当時から父子関係が生じます（民779条〜783条）。

2 日本人男に胎児認知された外国人女の嫡出でない子の日本国籍の取得

わが国の国籍法は，出生による日本国籍の取得につき父母両系血統主義を採用しているため，子が出生した時に父又は母のいずれか一方が日本国民であるときは，子は日本国籍を取得するものとしています（国２条１号）。設問のように，日本人男から胎児認知された外国人女の子が出生したときは，その出生の時に胎児認知の効力が生じ，かつ，出生の時に法律上の父を有することになるので，当該子は，国籍法第２条第１号の「出生の時に父又は母が日本国民であるとき」に該当し，出生により日本国籍を取得します。

3 国籍留保の届出とその要件

わが国の国籍法は，いわゆる国籍の積極的抵触を防止するため，出生により外国の国籍を取得した日本国民で国外で生まれたものは，戸籍法の定めるところにより日本の国籍を留保する意思を表示しなければ，その出生の時にさかのぼって日本の国籍を失うものと規定しています（国12条）。そして，その国籍留保の届出は，出生の届出をすることができる者，すなわち，父母又は父母以外の法定代理人が，出生の日から３か月以内に出生の届出とともにすべきものとしています（戸104条１項・２項）。また，この場合に，もし，天災その他の理由で届出をすべき者の責めに帰することのできない事由によって上記の期間内に届出をすることができなかったときは，届出をすることができ

るに至った時から14日以内に届出をすることができるものとされています（戸104条3項）。さらに，その届出をすべき者が外国に在る外国人であっても，その国に駐在する日本の大使，公使又は領事に出生の届出とともにこれをすることができるものと解されています（昭和46・4・23民事甲1608号回答，昭和59・11・1民二5500号通達第3の4(2)）。

4　設問の事例（特にその内容と問題点など）

　設問は，日本人男に胎児認知された外国人母の嫡出でない子が，出生によって日本国籍を取得する（国2条1号）とともに，出生による国籍の取得につき生地主義を採る外国で出生したことにより，同国の国籍を取得して重国籍者となったこと，又は血統により外国人母の本国の国籍をも取得して（この点は，諸国の国籍立法上一般的と解される。）重国籍者となり，しかも外国で出生している（もし，その国が，出生による国籍の取得につき生地主義を採るときは，当該子は，当該外国の国籍をも取得することとなる。）ことから，出生の届出とともに国籍留保の届出を要することとなり（国12条，戸104条），日本人男から「同居者」の資格でその届出をしてこれが受理されたため，これを是正するためにされた追完届の受否が問題とされているものです。

　ところで，国籍留保の届出は，出生の届出をすることができる者からすべきものとされているところ，設問の場合のように，嫡出でない子の出生の届出については，母からすべきものとされており（戸52条2項），母が届出をすることができない場合には，母以外の法定代理人から届出をすることが認められています（戸52条4項）。しかも，このことは，嫡出でない子が胎児認知をされている場合でも同様です。つまり，この場合，胎児認知者である父であっても，そのことを理由に，出生の届出義務を負いません（青木・大森『全訂戸籍法』278頁参照）。設問の子の出生及び国籍留保の届出を，胎児認知者の日本人男（父）からするには，親子間の法律関係に関する準拠法としての日本民法により（通則法32条・38条1項ただし書），同男（父）が当該子の

親権者と定められることが必要です（民819条4項・5項）。一方において，国籍留保の届出については，前記3のとおり，その届出をすることができる者が外国に在る外国人であっても届出をすることができるので，外国人母から出生の届出とともに国籍留保の届出をすることができます（昭和59・11・1民二5500号通達）。

　しかしながら，設問においては，上記に反して，日本人男（父）から，「同居者」の資格（戸52条3項）でされた出生及び国籍留保の届出が誤って受理され，当該子につき戸籍の記載がされた（当該子は嫡出でない子につき氏及び本籍を定めて新戸籍が編製されたものと考えられる。）というものです。

5　設問の追完届の受否と戸籍の処理

　設問の出生子に対する出生及び国籍留保の届出は，前述のとおり，届出義務を有しない日本人男がしたものであることから，本来，その届出は効力を生じないこととなり，これに基づく戸籍の記載は，戸籍訂正手続（戸113条）により訂正消除すべきものです（昭和23・5・8民事甲644号回答）。しかしながら，その届出は，法定の届出期間内にされており，届出資格者である外国人母にも国籍留保の意思があったとみるのが通常であり，また，それにもかかわらず，届出の依頼を受けた日本人男が誤って自己の名義で（あるいは，本人は，当該子の法律上の父であることから，自己の名義ですることは当然と誤解して）届出をしたとも考えられます。

　ところで，設問の事例においては，日本人男からの出生及び国籍留保の届出に基づいて，既に戸籍の記載がされているので，外国人母からされた国籍留保の旨の追完の届出については，これを直ちに受理することはできないと解されます。しかし，その追完の届出により，先の出生及び国籍留保届の届出人の記載は誤記であり，母の意思に基づく届出であると認めることができる場合は，追完の届出を受理すると同時に，追完の届書を資料として戸籍法第24条第2項の規定により管

轄法務局長等の許可を得て，当該子の戸籍の出生事項中の届出人の資格氏名の記載を母の表示に訂正する処理をすることができるものと解されます（昭和35・6・20民事甲1495号回答，昭和38・2・21民事甲526号回答，昭和39・3・6民事甲554号回答参照）。

　設問については，日本人男が，自己の本籍地市区町村において同居中の韓国人女の胎児につき同市区町村長に認知の届出をした後，同女が本国（韓国）に一時帰国して出生した子について，認知した日本人男から「同居者」の資格で国籍留保の意思表示とともにされた出生届により戸籍の記載（単独の新戸籍編製）がされた後，再来日した母から自らする国籍留保の旨の追完届出がされた場合を例にとって，その処理例を示せば，後掲の(1)ないし(3)のとおりです。

(1) 追完届書

追　完　届

京都市北^市⊠_{町村}長　殿

令和 5 年 6 月 25 日届出

受付	令和 5 年 6 月 25 日	第 1212 号
書類調査	戸籍記載　記載調査　附　票	住民票　通　知

(一)	種　　類	出生届	届出の年月日	令和 5 年 2 月 10 日
(二)	追完を要する届出事件	届　出　人	同居者　甲野義太郎	基本届出事件の受付年月日及び受付番号　令和 5 年 2 月 10 日　第 261 号
(三)		事件本人　本　籍	京都市北区小山初音町18番地	
		筆頭者氏名	甲　野　義　男	
(四)		住所及び世帯主氏名	京都市北区小山初音町18番地　甲野義太郎	
(五)		氏　　名	甲　野　義　男	
		生年月日	令和 4 年 11 月 20 日	
(六)	追　完　の　事　由		事件本人について、母が、日本国籍を留保する意思で、子の胎児認知者である父甲野義太郎に出生及び国籍留保の届出をすることを依頼したところ、依頼を受けた甲野義太郎が誤って自己の名をもって同居者の資格で届出をしてしまったことが判明した。	
(七)	追　完　す　る　事　項		母が事件本人のため日本国籍を留保する。	
(八)	添　付　書　類			
(九)	届出人	本　　籍	国籍　韓国	
		筆頭者氏名		
		住　　所	京都市上京区小山初音町18番地	
		届出人の資格及び署名（※押印は任意）	母　金　花　子　㊞	
		生　年　月　日	西暦1999 年 8 月 16 日	

※　これによって戸籍の記録（訂正）はしませんが，受理していることから，受付帳の記録作成のみ行います（戸規20条１項）。

(2) 戸籍訂正許可申請書

戸　籍　~~記　載~~ 訂　正　許　可　申　請		受	令和 5 年 7 月 2 日		戸　　　籍
		付	第　　1356　　号		調査

京都地方 法務局長		戸発第 654 号 令和 5 年 6 月 28 日 申請	記載
東　山　三　郎 殿		京都市北区 長　大 原 清 志　職印	記載 調査

(一)	事	本　　籍	京都市北区小山初音町18番地	送付 通知
	件	筆頭者氏名	甲 野 義 男	
(二)	本	住 所 及 び 世帯主氏名	京都市北区小山初音町18番地　甲野義太郎	住 民 票
	人			記載
(三)		氏　　名	甲 野 義 男	通知
		生 年 月 日	令和 4 年 11 月 20 日	附　　票

(四)	訂 正・記 載 の　事　由	事件本人について、胎児認知した日本人父から同居者の資格でされた出生及び国籍留保の届出を受理し、戸籍の記載を了したが、同居者は国籍留保の届出資格を有しないため、届出資格を有する母から国籍留保の旨の追完届がされた。	記載
			通知

(五)	訂 正・記 載 の　趣　旨	事件本人の出生事項中、届出人の資格「同居者甲野義太郎」とあるのを「母」と訂正する。

(六)	添 付 書 類	戸籍謄本 追完届書謄本

上記申請を許可する。　　　　　　　　　　戸乙第　　189　　号

令和 5 年 6 月 30 日

京都地方 法務局長　　東　山　三　郎　職印

(3) 〔コンピュータシステムによる証明書記載例〕 子の戸籍中子の欄

本　　　籍	京都市北区小山初音町１８番地
氏　　　名	甲野　義男
戸籍事項 　　戸籍編製	（編製事項省略）
戸籍に記録されている者	【名】義男 【生年月日】令和４年１１月２０日 【父】甲野義太郎 【母】金花子 【続柄】長男
身分事項 　　出　　　生	【出生日】令和４年１１月２０日 【出生地】韓国ソウル特別市中区 【母の国籍】韓国 【母の生年月日】西暦１９９９年８月１６日 【届出日】令和５年２月１０日 【届出人】母 【国籍留保の届出日】令和５年２月１０日
訂　　　正	【訂正日】令和５年７月２日 【訂正事由】錯誤 【許可日】令和５年６月３０日 【従前の記録】 　　【届出人】同居者　甲野義太郎
認　　　知	【胎児認知日】令和４年９月１０日 【認知者氏名】甲野義太郎 【認知者の戸籍】京都市北区小山初音町１８番地　甲野義太郎
	以下余白

発行番号

問12　日本人男が，スウェーデンから一時帰国している間に，その本籍地に同国人女の胎児を同国の方式により認知したとして報告的届出があった場合，どのように処理するのが相当ですか。

答　　届出人に「社会福祉委員会の認知の書面に令和５年○月○日に署名したので，本件は胎児認知届である。」旨の追完届をするよう案内するとともに，認知される子の母がスウェーデン国にある日本大使館に対して出生届及び国籍留保届をするよう案内します。

【解　説】

1　胎児認知の準拠法

　認知については，子の出生当時の認知する者の本国法，認知当時の認知する者又は子の本国法を準拠法とするとされています（通則法29条１項，２項）。しかし，胎児認知の場合は，胎児は未だ出生していないことから，国籍はなく，したがって本国法もありません。このため，通則法の規定を字義どおり厳密に読みますと，胎児認知については，認知の当時の認知する者の本国法のみにより認知をすることができ，かつ，この場合は，子の本国法による保護要件も適用されないと解釈する余地もあり，著しくバランスを欠くので，基本通達は，通則法第29条にいう「子の本国法」は「母の本国法」と読み替えるものとしています（基本通達第４の１(3)）。すなわち，胎児認知については，認知する父の本国法と胎児の母の本国法との選択的連結となります。もっとも，認知する父の本国法による場合において，母の本国法が認知について第三者の承諾又は同意があることを認知の要件としているときは，その要件（保護要件）を備えることが必要です（通則法29条２項後

段)。

次に，親族関係の法律行為（ただし，婚姻を除きます。）の方式は，当該法律行為の成立について適用すべき法又は行為地法のいずれにもよることができ（通則法34条），胎児認知についても，胎児認知の実質的成立要件の準拠法又は行為地によることができます（以上の詳細は，改訂設題解説渉外戸籍実務の処理Ⅳ出生・認知編287頁から291頁までを参照願います）。

このように，日本人男は，母の本国法である外国人女の本国法によっても胎児認知することができ，設問では，母の本国法であるスウェーデン国の方式により胎児認知したものです。そして，日本人男が，外国の方式により胎児認知を成立させたときは，その証書の謄本を在外公館又は本籍地の市町村長に提出しなければならないので（戸41条），一時帰国の間に証書の謄本を本籍地の市町村長に提出したというものです。

2　日本国籍取得の有無

被認知胎児の母の本国法であるスウェーデン法によれば，我が国と同様胎児認知が認められていますが，同国の法によれば父子関係は社会福祉委員会の承認後に成立するものとされています。そこで，少なくとも，設問の胎児認知届は受理することができることは明らかです。

問題は，このようにスウェーデン法では認知の効力は社会福祉委員会の承認後に成立し，この承認は子の出生後にされるので，胎児認知によって日本の国籍を取得しているかどうかです。この点，胎児認知は，父の本国法である日本法に基づいても行うことができ（この場合は，母の承諾も必要です。），かつ，その場合の認知の効力は日本法によることになるので，胎児認知の効力は子の出生時に発生し，したがって，国籍法第2条第1号の規定に基づき日本国籍を取得していることになります。

そこで，認知の成立日は，その方式の準拠法に基づき「社会福祉委

員会が認知を承認した日」とするとしても，子の出生前に父が認知の書面に署名していた場合は，子は出生と同時に日本国籍を取得し，報告的胎児認知届とすることが可能と考えられます。このために，届出人に「社会福祉委員会の認知の書面に令和5年〇月〇日に署名したので，本件は胎児認知届である。」旨の追完届をするよう案内するのが相当です。

　また，設問の場合は，外国で子が出生し，かつ，母の本国であるスウェーデンの国籍を取得していると考えられるので，子の日本国籍を維持するためのは，出生届及び国籍留保届をすることが必要です（国12条）。そして，子の出生届については，日本人父が同居人である場合はこれをすることができるとしても，国籍留保の届出は，母又は子の法定代理人のみがすることができ，かつ，出生届とともにすることを要するので（戸104条・52条），設問では，スウェーデン人女のみがこれらの届出をすることができます。そこで，胎児認知の届出人である日本人父に対して，母であるスウェーデン人女が同国にある日本大使館に対して速やかに出生届及び国籍留保届をするよう案内するのが相当です（以上，令和2年3月5日民一第335号回答参照）。

3　戸籍の記載

　胎児認知の成立日は「社会福祉委員会が認知を承認した日」であるとしても，それでは，胎児認知であるかどうか不明であり，したがって，母からの出生届及び国籍留保届との整合性に問題が生ずるので，「【胎児認知日】令和5年〇月〇日（父の署名日）」と記録するのが相当と考えます。

問13 生地主義国において日本人父母間に出生した嫡出子について，父から届出期間内に出生届をして受理され，戸籍に記載されたが，出生事項中に国籍留保の旨の記載がされないまま，管外転籍している場合において，いま国籍留保の旨の追完届がされた場合，どのように処理すべきですか。

答 　設問については，当該追完の届出を受理した上，これに基づき転籍後の戸籍に国籍留保の旨の追完届出事項を記載する処理をすべきものと考えます。

【解 説】

1　日本人父母間に生地主義国で嫡出子が出生した場合の国籍

　わが国においては，国籍の積極的抵触を防止するため，出生により外国の国籍を取得した日本国民で国外で生まれたものは，戸籍法の定めるところにより日本の国籍を留保する意思を表示しなければ，その出生の時にさかのぼって日本の国籍を失います（国12条）。

　日本人父母間の嫡出子は，出生により当然に日本の国籍を取得しますが（国2条1号），当該子が生地主義国で出生したときは，同時に出生地国の国籍をも取得することになるので，日本と生地主義国との重国籍者となります。したがって，当該子は，上記のとおり，国籍を留保する意思を表示しなければ，出生の時にさかのぼって日本の国籍を失います。

2　国籍留保の届出の要件

　国籍留保の届出は，出生の届出をすることができる者，すなわち，父又は母若しくは父母以外の法定代理人（戸52条1項・2項・4項）が，出生の日から3か月以内に出生の届出とともにすることを要し（戸

104条1項・2項)，もし，天災その他届出をすべき者の責めに帰することができない事由によって3か月の期間内に届出をすることができないときは，届出をすることができるに至った時から14日以内に届け出ることを要します（戸104条3項)。なお，国籍留保の届出は，出生の届書中に記載して留保の意思を表示してすることも差し支えないとされており（大正13・11・14民事11606号回答)，通常は，出生の届書の「その他」欄に「出生子何某のために日本国籍を留保する。」旨を記載する方法で行います。

在外公館に提出される出生届書用紙には，届出人の便宜等を考慮し，「その他」欄にあらかじめ「日本国籍を留保する」と印刷されており，届出人はその事項に続けて署名すればよいものとされています（昭和59・11・15民二5815号通達)。

3 国籍留保の追完の届出

生地主義を採る外国で出生した子について，国籍留保の旨の記載のない出生の届出が在外公館において受理され，本籍地に送付される例がみられますが，この場合，当該出生の届出が国籍留保の届出期間内にされたものであるときは，国籍留保の旨の追完の届出をすることが認められています（戸45条，昭和35・6・20民事甲1495号回答ほか)。このことは，日本の市区町村長に届出がされた場合も同様です（なお，国籍留保の旨の追完届出をめぐる問題ないし戸籍の処理等については，木村三男「注解戸籍届出追完の実務」78頁以下参照)。これは，出生届の提出行為は，子を日本人として戸籍に登録させることを目的とするものであり，当該行為に国籍留保の旨の意思も含まれるものと考えられるところ，国籍留保の届出という形式的な行為が欠けていたため，これを追完届により補完することを認めるべきであるとの考えに基づくものと思われます。

設問における出生子の出生の届出は，国籍留保の届出期間内に，当該出生の届出義務者である父からされており，かつ，国籍留保の旨の

追完の届出もその父からされていることから，上記の要件を満たし，当該追完届は，これを受理することができます。そして，設問においては，当該出生子は既に戸籍に入籍しているところ，出生事項中に国籍留保に関する記載の遺漏をきたしていることから，当該追完の届出によって国籍留保の旨とその追完事項を記載する取扱いをすれば足ります。

4　管外転籍している場合の戸籍の記載

　ところで，設問における出生子の入籍戸籍（すなわち父母の戸籍）は，当該子の出生届出と国籍留保の旨の追完届出がされるまでの間に管外転籍がされていることから，当該追完届出に基づく戸籍の記載は，転籍前・後のいずれの戸籍にすべきかが一応問題となります。この点，戸籍の記載は，そもそも戸籍の記載をすべき原因が生じた時の戸籍にするのが原則であること，また，転籍は単なる本籍の移動に過ぎず，その前後の戸籍の同一性に影響がないこと等の理由から，転籍後の戸籍において当該追完届出に基づく記載をすれば足りるものと考えます。

　設問については，生地主義国において出生した日本人夫婦間の子について，在外公館において受理された国籍留保の旨の記載のない出生届によって戸籍の記載がされた後，父から転籍後の本籍地の市区町村長に国籍留保の旨の追完届出がされた場合として，その処理例を示せば，後掲の(1)・(2)のとおりです〔注〕。

　　〔注〕　国籍留保の届出を要する出生の届出について，その記載を遺漏している届出（法定届出期間内の届出）が受理された後，戸籍の記載前に国籍留保の旨の追完届出がされた場合は，基本の出生届書と追完届書とを合わせて一体の届出として処理することになるので，戸籍の記載は，一般の記載例（法定記載例３）に従って行います。

(1) 追完届書

追 完 届

東京都千代田 <ruby>市<rt></rt></ruby><ruby>区<rt></rt></ruby><ruby>町村<rt></rt></ruby> 長 殿

令和 5 年 6 月 15日届出

受附	令和 5 年 6 月 15日	第 987 号
	書類調査 戸籍記載 記載調査附 票住民票通 知	

(一)	種　　類	出生届	届出の年月日	令和 5 年 4 月 1日	基本届出事件の受付年月日及び受付番号	令和 5 年 4 月 1日
(二)	届 出 人	父　甲野義太郎				第　432　号
(三)	追完を要する届出事件	事件本人	本　　籍	東京都千代田区平河町1丁目4番地		
			筆頭者氏名	甲 野　義太郎		
(四)			住所及び世帯主氏名	東京都千代田区平河町1丁目4番5号　甲野義太郎		
(五)			氏　　名	甲 野 花 子		
			生年月日	令和 5 年 2 月 18日		
(六)	追 完 の 事 由	事件本人について、日本国籍を留保する意思で、在サンパウロ総領事に出生の届出をし、これに基づき戸籍の記載がされたが、出生届書に国籍留保の旨の記載を遺漏したため、戸籍の記載もその記載がされていない。				
(七)	追 完 す る 事 項	事件本人のため日本国籍を留保する。				
(八)	添 付 書 類	出生届書の記載事項証明書				
(九)	届出人	本　　籍	東京都千代田区平河町1丁目4番地			
		筆頭者氏名	甲 野　義太郎			
		住　　所	東京都千代田区平河町1丁目4番5号			
		届出人の資格及 び 署 名（※押印は任意）	父 甲 野 義 太 郎　㊞			
		生 年 月 日	平成 7 年 6 月 18日			

(2) 〔コンピュータシステムによる証明書記載例〕 転籍後の戸籍中子
の欄

全部事項証明

本　籍	東京都千代田区平河町1丁目4番地
氏　名	甲野　義太郎

戸籍事項 　　転　籍	（転籍事項省略）

戸籍に記録されている者	【名】花子 【生年月日】令和5年2月18日 【父】甲野義太郎 【母】甲野梅子 【続柄】長女
身分事項 　　出　生	【出生日】令和5年2月18日 【出生地】ブラジル国サンパウロ州サンパウロ市 【届出日】令和5年4月1日 【届出人】父 【国籍留保の届出日】令和5年6月15日 【送付を受けた日】令和5年4月20日 【受理者】在サンパウロ総領事
追　完	【追完日】令和5年6月15日 【追完の内容】国籍留保 【届出人】父 【記録の内容】 　【国籍留保の届出日】令和5年6月15日
	以下余白

発行番号

> 問14　日本人夫婦間に生地主義国で出生した子について，父から届出期間内に嫡出子出生届出がされ，これを受理したが，戸籍に記載する前に届書に日本国籍を留保する旨の記載がないことが判明したので，届出人に対し「日本国籍を留保する。」旨の追完届をするよう催告したところ，届出人及び出生子の母が事故により死亡している場合，当該出生届はどのように取り扱うべきですか。

答　　設問については，当該嫡出子出生の届出が法定の届出期間内にされているので，その出生届出自体をもって国籍留保の意思表示があったものと解し，国籍留保の届出がされたものとして取り扱うとともに，出生子を父母の戸籍に入籍の記載をして差し支えありません（この場合，出生子の身分事項欄に記載すべき出生事項及び国籍留保事項は，法定記載例３による。）。なお，出生の届書に，届出人父及び母は死亡しているため，国籍を留保する旨の記載を追記させることができない旨を付せん等により明らかにしておくことが必要です。

【解　説】

1　国籍留保の届出と要件

　設問のように日本人夫婦間の嫡出子として生地主義国で出生した子は，出生によって日本国籍を取得する（国２条１号）と同時に，出生地国の国籍をも取得して日本と外国の重国籍者となる（つまり国籍の積極的抵触を生ずる。）ことから，わが国の国籍法は，これを防止するため，出生により外国の国籍を取得した日本国民で国外で生まれたものは，戸籍法の定めるところにより日本の国籍を留保する意思を表示しなければ，その出生の時にさかのぼって日本の国籍を自動的に喪失

することとしています（国12条）。

　ところで，国籍留保の届出は，出生の届出をすることができる者（戸籍法52条３項の規定によって届出をすべき者を除く。）が，出生の日から３か月以内に出生の届出とともにすべきものとされ（戸104条１項・２項），もし，天災その他届出をすべき者の責めに帰することができない事由によって３か月の期間内に届出をすることができなかったときは，届出をすることができるに至った時から14日以内に届出をすることができるものとされています（戸104条３項）。上述したところから，国籍留保の届出は，嫡出子については父又は母が，嫡出でない子については母がそれぞれ届出をすることができ，また，これらの者が届出することができないときは父母以外の法定代理人からすることができます。なお，国籍留保の届出は，通常は，出生の届書の「その他」欄に「出生子何某のために日本国籍を留保する。」旨を記載する方法で行います（なお，前問（問13）参照）。

２　国籍留保の追完の届出

　国籍留保の届出は，前記のとおり，出生の届出とともにすべきものです（戸104条２項）。したがって，設問のように，生地主義国で出生した子について，国籍を留保する旨の記載を欠く出生の届出は，本来，不受理とするのが建前です（昭和23・６・24民事甲1989号回答参照）。しかし，出生の届出をしている場合は，国籍を留保しようとする意思を有しているのが通常といえるので，当該出生届が国籍留保の届出期間内にされたのであれば，直ちに不受理とすることなく，国籍留保の追完届出をすることにより，有効な届出として取り扱うことができるものとされています（戸45条，昭和35・６・20民事甲1495号回答，昭和38・２・21民事甲526号回答，昭和40・７・19民事甲1881号回答）〔**注**〕。

３　設問の事例における取扱い

　前記２で述べたように，国籍の留保を要する出生の届出が受理された後，戸籍の記載前に，当該届書に日本国籍を留保する旨の記載がな

いことが判明した場合において，その出生届出が国籍留保の届出期間内にされたものであるときは，届出人から国籍留保の旨の追完届出をすることが認められているところです。しかし，設問の事例においては，届出人である父のほか，当該出生届の届出義務者である母のいずれもが事故により死亡しているので，国籍留保の追完届出をすることは不可能です。もっとも，設問の出生届は国籍留保の届出期間内にされているので，当該出生の届出には，国籍を留保しようとする意思の存在を推測することができるといえます。このことから，戸籍先例は，当該出生の届出自体をもって国籍留保の意思表示があったものと解し，国籍留保の届出がされたものとして取り扱うことを認めています。したがって，設問の出生子については，当該出生の届出に基づき父母の戸籍に入籍の記載をして差し支えなく，また，身分事項として出生事項のほかに国籍留保の事項を記載する（法定記載例3参照）こともできます（昭和32・6・3民事甲1052号回答）。なお，この場合には，当該出生の届書に，届出人父及び母は死亡しているため，国籍を留保する旨の記載を追記させることができない旨を付せん等により明らかにしておくべきであるとされています（前掲回答）。

〔注〕 国籍留保の記載を欠く出生の届出が在外公館において受理され，本籍地に送付されたものであるときは，本籍地市区町村長は，外務省を経由し，在外公館を通じて，届出人に対し国籍留保の記載を遺漏したものであるか否かについて連絡をとり（平成22・7・21民一1770号通達），その記載を遺漏したものであれば，国籍留保の旨の追完届出をすることによって，戸籍の処理をします。

> **問15　生地主義国で出生した日本人夫婦間の子について，父からされた出生届が，出生の日から3か月以内に在外公館において受理され，本籍地に送付されたが，国籍留保の旨の記載がないため，在外公館に届書を返戻したところ，届出人である父から国籍留保の旨の追完の届出がされた場合，どのように処理すべきですか。**

答　　設問については，在外公館から再送付された当該出生届書と追完届書を合わせて完全な出生及び国籍留保の届出として取り扱い，子を父母の戸籍に入籍させる処理をすべきです。

【解　説】

1　国籍留保の届出と要件

　出生による国籍の取得につき，いわゆる生地主義を採る国において，日本人夫婦間の子が出生したときは，当該子は，出生により当然にその出生国の国籍を取得すると同時に，日本国の国籍をも取得することとなるので（国2条1項），国籍の積極的抵触を生じます。そこで，わが国の国籍法は，これを防止する見地から，出生により外国の国籍を取得した日本国民で国外で生まれたものは，戸籍法の定めるところにより日本の国籍を留保する意思を表示しなければ，出生の時にさかのぼって日本の国籍を失うこととしています（国12条）。

　ところで，国籍留保の届出は，出生の届出をすることができる者（ただし，戸籍法52条3項の規定によって届出をすべき者，すなわち同居者，出産に立ち会った医師，助産師，その他の者を除く。）が，出生の日から3か月以内に出生の届出とともにしなければなりません（戸104条1項・2項）。したがって，国籍留保の届出をすることができるのは，嫡出子については父又は母（戸52条1項），嫡出でない子については

母となり（同条2項），また，これらの者が届出をすることができないときは，父母以外の法定代理人（同条4項）ということになります。また，国籍留保の意思表示は，市区町村長への届出によってされるべき要式行為であって，その効力は届出によって生じます（創設的届出）が，通常は，同時に提出される出生届書の「その他」欄に「出生子何某のために日本国籍を留保する」旨を記載して届け出る方法が採られています（大正13・11・14民事11606号回答）。なお，国籍留保の届出は，前記のとおり出生の日から3か月以内にすべきですが，もし，天災その他の理由で届出をすべき者の責めに帰することのできない事由により期間内に届出をすることができなかったときは，届出をすることができるに至った時から14日以内にすることが認められています（戸104条3項）。

2　国籍留保の追完の届出

　国籍留保の届出を要する子について，国籍留保の記載のないものであっても出生の届出がされることは，当該届出により出生子を日本人として戸籍に登載することを希望する意思の発現であると評価することができ，国籍を留保しようとする意思のあることが通常と考えられるところから，そのような出生届出が所定の期間内になされ，これが誤って受理された場合において，国籍留保の追完の届出がされたときは，これを有効として取り扱うことが認められていることは，既に前問（問14）においても述べたとおりです。

3　設問の事例と戸籍の処理

　設問は，国籍留保の届出を要する子について，日本人父から所定の期間内に在外公館に出生の届出をして受理され，本籍地に送付されたところ，当該出生届書に国籍留保の旨の記載がないことが判明したため，同届書を在外公館に返戻した結果，改めて当該出生届書とともに，国籍留保の旨の追完届書が送付されてきた場合の戸籍の処理を問うものです。国籍留保の旨の記載を欠く出生の届出が受理された場合，戸

籍実務においては，当該出生の届出が所定の期間内にされているときは，国籍留保の追完届出をすることが認められていることは前記2のとおりです。そこで，設問については，在外公館から再送付された出生届書と追完届書を合わせて完全な出生及び国籍留保の届出として取り扱い，子を父母の戸籍に入籍させます。この場合，届出の年月日は，出生届出と国籍留保の届出とのいずれについても当初の出生届出がされた日とすべきであり，この日を基準に所定の期間内であるかどうかを審査することになります。

　なお，上記の場合における追完届書式例及び戸籍記載例は，後掲の(1)・(2)のとおりであり，在外公館からの送付を受けた日は，追完届とともに出生届の再送付を受けた日です。

(1) 出生に関する追完

追　完　届

在サンパウロ　　　市区
日本国総領事　　町村長　殿

令和 5 年 4 月 25 日届出

受附	令和 5 年 4 月 25 日	第 178 号
	書類調査 戸籍記載 記載調査附	票 住 民 票 通 知

(一)		種　　　　類	出生届	届出の年月日	令和 5 年 3 月 11 日	基本届出事件の受付年月日及び受付番号
(二)	追完を要する届出事件	届　　出　　人	甲　野　義太郎			令和 5 年 3 月 11 日 第　820　号
(三)		事件本人 本　　籍	京都市北区小山初町18番地			
(四)		筆頭者氏名	甲　野　義太郎			
		住所及び世帯主氏名	ブラジル国サンパウロ州サンパウロ市8街18番地			
(五)		氏　　名	甲　野　義　雄			
		生年月日	令和 5 年 2 月 1 日			
(六)		追　完　の　事　由	事件本人について日本国籍を留保する意思で出生の届出をしたが、届書に国籍留保の旨の記載を遺漏した。			
(七)		追　完　す　る　事　項	事件本人のため日本国籍を留保する。			
(八)		添　付　書　類				
(九)	届出人	本　　籍	京都市北区小山初音町18番地			
		筆頭者氏名	甲　野　義太郎			
		住　　所	ブラジル国サンパウロ州サンパウロ市8街18番地			
		届出人の資格及び署名（※押印は任意）	父　甲　野　義太郎　㊞			
		生年月日	平成 2 年 8 月 16 日			

⑵ 〔コンピュータシステムによる証明書記載例〕 父母の戸籍中子の身
　分事項欄

全 部 事 項 証 明

本　　籍	京都市北区小山初音町１８番地
氏　　名	甲野　義太郎

戸籍事項 　戸籍編製	（編製事項省略）

戸籍に記録されている者	【名】義雄 【生年月日】令和５年２月１日 【父】甲野義太郎 【母】甲野花子 【続柄】長男
身分事項 　　出　　生	【出生日】令和５年２月１日 【出生地】ブラジル国サンパウロ州サンパウロ市 【届出日】令和５年３月１１日 【届出人】父 【国籍留保の届出日】令和５年３月１１日 【送付を受けた日】令和５年５月１０日 【受理者】在サンパウロ総領事
	以下余白

発行番号

> **問16** 韓国で出生した同国人夫と日本人妻の嫡出子について，
> 国籍留保の旨の記載がされていない出生届出が，出生後
> ３か月を経過後に本籍地に郵送された後，届出遅延理由
> 書を添付して国籍留保の旨の追完の届出があった場合，
> どのように処理すべきですか。

答　　設問における国籍留保の旨の追完の届出については，先の出
生届出の遅延が届出人（父又は母）の責めに帰することができ
ない事由によるものであるときは，これを受理した上，先の出
生届書と合わせて完全な出生及び国籍留保の届出として取り扱
い，これに基づき当該子を日本人母の戸籍に入籍させる処理を
すべきことになります。

　　なお，責めに帰することができない事由があるといえない場
合は，設問の出生届出は，受理することができません。

【解　説】

1　韓国人夫と日本人妻の嫡出子の国籍と国籍留保

　設問における韓国人夫と日本人妻との間に出生した嫡出子は，同夫
婦の各本国の国籍法（すなわち，日本及び韓国の国籍法）の双方ともに
出生による国籍の取得につき父母両系血統主義を採っているので，出
生によって日本国籍を取得すると同時に，韓国の国籍をも取得するこ
とになり（日本国籍法２条１号，韓国国籍法２条１項１号），その結果，
日本と韓国の重国籍となります。しかも，当該子は韓国で出生してい
ます。このように，子が出生により日本の国籍のみならず外国の国籍
をも取得し，かつ，外国で出生しているときは，出生の届出とともに
日本国籍を留保する意思を表示すること（すなわち国籍留保の届出）
が必要であり，所定の期間内にこれが適法にされないときは，その子

は，出生の時にさかのぼって日本国籍を失います（国12条，戸104条）。なお，国籍留保の届出（意思表示）の方法，届出の要件等の詳細については，前問（問15）を参照願います。

2　郵送による国籍留保の届出

戸籍の届出は，届出人の便宜等を考慮して，郵送によってすることが認められています（戸47条）。報告的届出はもちろん，創設的届出についても認められます（明治31・9・28民刑975号回答）。外国に在住する日本人については，在住国に日本の在外公館の有無とは関係なく，外国から直接本籍地の市区町村長に郵送によって届出をすることが認められます。

ところで，郵送による届出の場合には，その届書が市区町村長に到達した時に届出があったものと解するべきです（いわゆる受信主義。民97条1項参照。戸47条の反対解釈）。

また，設問のように，国籍留保を伴う出生の届出については，原則として，出生の日から3か月以内にすることを要する（戸104条1項）ため，同届出を郵送によってする場合は，当該届書が出生の日から3か月以内に市区町村長に到達することが必要です（大正14・5・19民事4744号回答）。このことは，戸籍届書の受理の日（効力発生の日）は，実務上，届書を最初に受領（受付）した日として処理される点に照らせばなお明らかとなるでしょう（大正4・1・11民1800号回答，木村・神崎『全訂戸籍届書の審査と受理』27頁）。

3　届出期間経過後の国籍留保の届出

国籍留保の届出は，原則として，出生の日から3か月以内にすべきものとされ，この期間を徒過したときは，子は日本国籍を遡及的に失うことになるので，上記の期間経過後の国籍留保届はもちろん，出生の届出自体も，外国で出生した外国人の出生届出であることから，受理することができません（大正13・11・14民事11606号回答）。しかし，天災その他により，国籍留保の届出をすることができる者（戸104条・

52条1項・2項）の責めに帰することのできない事由によって上記の届出期間内に届出をすることができなかったときは，届出をすることができる状態になった時から起算して14日以内に届出をすることができます（戸104条3項）。そこで，届出期間経過後にされた出生及び国籍留保の届出（この場合，届出遅延理由書，疎明資料等の添付を要します。）については，届出遅延の理由が果たして届出をすることができる者の責めに帰することのできない事由に該当するか否かを慎重に判断することが必要です。

4　設問における追完届出の処理

　国籍留保の届出を要する出生の届出において，国籍留保の旨の記載がされていない場合には，法定の期間内にされた出生届出であるときは，国籍留保の旨の追完の届出をすることができるものとされています（戸45条，昭和35・6・20民事甲1495号回答ほか）。そして，この取扱いは，出生の届出が法定の届出期間を経過した後にされた場合でも，届出の遅延が届出をすべき者の責めに帰することのできない事由によるものであるときにも認められるべきものと解されます（昭和56・2・23民二1255号回答）。

　設問の事例は，韓国人父と日本人母との間の嫡出子として韓国で出生した子について，母の本籍地市区町村長に郵送によってされた嫡出子出生の届出が受理された後，戸籍の記載前において，当該出生の届出に対し国籍留保の旨の追完届出（届出遅延理由書を添付）がされた場合ですが，この場合でも，先の出生届出の遅延が届出人（父又は母）の責めに帰することのできない事由（例えば，出産後ほどなくして産院長が死亡し，かつ，産院が一時休業状態に陥ったため，出生証明書の交付を得るのに相当の日時を要したことから，郵送に付した当該出生届書が母の本籍地市区町村長に到達した時点では，結果的に法定の届出期間を経過していたような場合（平成4・6・12民二3314号回答，改訂Ⅳ第1編第3章の問32（95頁）参照）に該当するものであるときは，当該追完の届出を

受理した上，先の嫡出子出生届書と合わせて完全な出生及び国籍留保の届出として戸籍記載の処理をする（すなわち，当該子を日本人母の戸籍に入籍の記載を行う。）こととなります〔注〕。この場合，当該子の身分事項欄に記載すべき出生及び国籍留保事項は，一般の記載例（届出人の責めに帰することのできない事由により届出期間経過後に出生及び国籍留保の届出があった場合の「法定記載例4」）によります。

これとは逆に，期間経過について届出人に責めに帰することのできない事由があるといえない場合は，設問の出生届出は，追完届出があったとしても，受理することができません。当該出生子は，国籍留保をすることができなかったため，外国で出生した外国人の出生届出となるからです。

なお，設問の事例と関連して，例えば，外国人父が国籍留保の旨の記載のない出生の届出をし，日本人母が国籍留保の追完の届出をした場合（あるいはその反対の場合）のように，出生の届出人と追完の届出人とが異なっている場合でも，届出人のいずれもが出生の届出及び国籍留保の届出をすることができる者であれば，当該追完の届出を受理することができるものと解されます（昭和38・2・21民事甲526号回答ほか，木村・神崎『全訂注解・戸籍記載例集』3頁参照）。

〔注〕　届出遅延の事由の有無の判断は，戸籍の先例等を参考にしつつ，個々の具体的事案に即して慎重にしなければなりませんが，その判断に疑義を生じたときは，管轄法務局長等に照会するのが相当です。

> **問17** 昭和58年に韓国人男と婚姻した日本人女が婚姻前に出
> 生した子について，戸籍法第62条の出生届出がされたが，
> 子の氏が父の姓で外国人の出生届として処理され，戸籍
> の記載不要書類として保存されている。この場合，出生
> により日本国籍を取得した子としての追完届出が，父が
> 死亡しているため，母からされたときは，どのように処
> 理すべきですか。

答　　設問の子は，日本人女の嫡出でない子として，出生により日本国籍を取得していることから，設問のように，父死亡後，母から出生により日本国籍を取得した子としての追完届出がされたときは，先の出生の届出と追完の届出とを合わせて一体のものとして取り扱い，子を嫡出子（準正子）として母の戸籍に入籍させる処理をすべきです。

【解 説】

1　設問の子（昭和58年以前の出生子）の日本国籍の取得

　わが国の国籍法は，出生による日本国籍の取得について，昭和59年法律第45号による同法の一部改正（昭和60・1・1施行）により父母両系血統主義を採用したことから，父又は母のいずれか一方が日本人であれば，子は出生により日本国籍を取得しますが（国2条1号），上記の改正前においては，父系血統主義が採られていました。このため，子が嫡出子である場合において，出生の時に父が日本人である場合は，子は日本国籍を取得するものの，出生当時父が外国人である場合には，たとえ母が日本人であっても，子は日本国籍を取得しないものとされていました（改正前の国2条1号）。

　また，嫡出でない子（出生時，法律上の父が存しない場合）について

は，出生の時に母が日本人である場合は，事実上父が外国人であって
も，子は日本国籍を取得するものとされていました（改正前の国2条
3号）。

　ところで，設問における出生子は，日本人母が，昭和58年に韓国人
父と婚姻する前（つまり，前記の国籍法の改正前）に出生していること
から，日本人母の嫡出でない子として，出生によって日本国籍を取得
しています。そして，その後に父母が婚姻し，さらに韓国人父から認
知され，それによって準正嫡出子の身分を取得するに至っても，その
ことによって，当該子の日本国籍の得喪に影響はありません。なお，
父母両系血統主義を採っている現行国籍法の下においても，日本人母
が出生した嫡出でない子については，出生によって日本国籍を取得す
ることに変わりはありません（国2条1号）。

2　設問の嫡出子出生届出と準拠法

(1)　認知及び準正の成立の準拠法

　国際私法上，実親子関係の成立の準拠法については，①嫡出親子関
係，②非嫡出親子関係，③準正の三つに分けることができます。設問
は，このうちの②及び③に関わる問題といえます。すなわち，設問は，
日本人女が昭和58年に韓国人男と婚姻した後，同女（以下「日本人母」
という。）が婚姻前に出生していた子について，同男（以下「韓国人父」
という。）から戸籍法第62条の嫡出子出生の届出がされている場合で
あるため，この届出が有効とされるためには，準拠法上の認知及び準
正の要件を具備していることを要することになるからです。

　ところで，当該嫡出子出生の届出は，上記のとおり，昭和58年当時
にされており，子はそれより前に出生していたため，認知及び準正に
関する準拠法は，平成元年法律第27号による改正前の法例（以下「旧
法例」という。）の定める準拠法によります。旧法例は，非嫡出親子関
係については，認知のみについて規定し，認知の実質的要件は，父又
は母に関しては，認知の当時のそれぞれの本国法を，子に関してはそ

の本国法を準拠法としていました（いわゆる配分的適用主義の採用―旧法例18条1項）。また，準正の成立に関する準拠法については，特別の規定がなかったため，解釈に委ねられていましたが，嫡出子に関する規定（17条）を類推適用して，婚姻，認知という準正の原因となる事実の発生当時の父の本国法によるとするのが多数説であったと解されています（澤木敬郎『国際私法入門〔第3版〕』135頁，南敏文『改正法例の解説』131頁）。

(2) 戸籍法第62条の嫡出子出生届出の有効性

次に，設問の出生子については，韓国人父から戸籍法第62条の嫡出子出生の届出がされていますが，この届出は，民法第789条第2項の規定によって子が嫡出の身分を取得する場合に認められるものであり，また，父からこの届出がされたときは，その届出に認知の届出の効力を認めるとともに，準正の効果を発生させようとするものです。

この点に関する旧法例下での取扱いとしては，外国人父が日本人母の子について戸籍法第62条の嫡出子出生届出があった場合は，「法例の規定によって定まる準拠法（旧法例18条参照）において認知が禁止されず，且つ，認知によって当該出生子が嫡出たる身分を取得することとなる場合には，戸籍法第62条の規定による出生届出をすることができるものと解する」というものでした（昭和26・11・12民事甲2162号回答）。設問の事例は，前記のとおり韓国人父から戸籍法第62条の嫡出子出生届出がされている場合ですが，この届出は，韓国民法第855条第1項（認知の可否）及び第2項（準正），第859条，日本民法第779条，第781条の規定の趣旨からみて有効な届出と解されます（この点に関する実質的成立要件及び形式的成立要件の詳細については，次問（問18）178頁の**2**(2)を参照願います。）。

3 設問の追完届出と戸籍の処理

　設問における出生子は，前記１のとおり，生来の日本国籍取得者であり（昭和59年改正前の国２条３号），出生後に韓国人父からされた戸籍法第62条の嫡出子出生の届出によって認知の効力を生じ，同時に準正により嫡出子の身分を取得して日本人母の戸籍に入籍すべきであったものです（戸18条）。ところが，上記の出生届出に際し，届書に当該子の氏を韓国人父の姓により記載して届け出たため（当時の韓国の国籍法によれば，６か月以内に外国の国籍を喪失すること等を条件として，子は父の認知により韓国の国籍を取得していましたが，そのことにより設問の出生子は日本国籍を喪失することはありません。），外国人に関する届出として受理され（したがって，当該出生届書は受理市区町村において保管—戸規50条），結果として，当該子につき戸籍記載の遺漏を生じることとなったことから，先の出生届出に対し所要の追完を要することとなったものです。そして，設問は，上記の場合において，韓国人父は既に死亡しているため，日本人母から追完の届出がされたときは，どのように処理すべきかを問うものですが，この場合の追完の届出は，基本の嫡出子出生届出の効力（すなわち韓国人父の認知の届出の効力）に影響を及ぼすものではなく（ちなみに，上記の効力は，当該出生届出の受理によって確定している。），法律上既に確定している事項（すなわち，届出事件本人である当該出生子は，生来の日本国籍取得者として，日本人母の戸籍に入籍するとの事項）を追完するものであり，また，日本人母はそもそも当該子の出生届出義務者でもある（戸52条２項）ため母からの追完届出が当然認められ，また，その届出があったときは，これを受理した上，先の出生届と合わせて一体のものとして取り扱い，子を母の戸籍に嫡出子として入籍させることになります。

　なお，この場合の戸籍の記載例を示せば，次のとおりです

◎　コンピュータシステムによる証明書記載例（母の戸籍中子の身分事項欄）

出　　生	【出生日】昭和５７年９月１９日
	【出生地】東京都千代田区
	【父の国籍】韓国
	【父の生年月日】西暦１９５７年４月２５日
	【届出日】昭和５７年１１月１７日
	【届出人】父
	【入籍日】令和４年６月７日
	【特記事項】令和４年６月７日母追完届出

※　【父の国籍】，【父の生年月日】，【届出人】から，外国人父が認知届出の効力を有する出生届出をしたと読み取り，さらに，母の【婚姻日】，【配偶者氏名】から，外国人父（母の夫）が，戸籍法第62条の出生届出をしたと読み取ります。

　　なお，父が日本人である場合は，認知届出の効力を有する出生届出の記録は，日本人父の認知事項に記録されますが（参考記載例(19)参照），設問の場合は，外国人が父なのでこのような記録はなく，上記のとおり出生事項等の記録から外国人父の認知を読み取ります。

答　　設問における追完の届出については，父母につき婚姻関係が存在しないことを明らかにする書面（例えば，家族関係証明書，独身証明書等）の添付を求めてこれを受理した上，先の嫡出子出生の届出（同届には父の認知の届出の効力が認められる。）と追完の届出とを合わせて一体のものとして取り扱い，引き続き戸籍の記載不要書類として保存する処理をすべきです。

【解　説】

1　戸籍法の属地的効力と外国人の報告的届出義務

　戸籍法は，戸籍制度の目的を達成するための手続法ですが，他面，行政法規としての実質を有していることから，日本の国内に居住している外国人にも適用され（ただし，性質上許されない条文を除く。），外国人が日本国内で出生し，あるいは死亡した場合など身分変動の事実が発生したときは，戸籍法の定めるところに従って市区町村長にその届出をすべき義務があるとされています。（戸籍法の属地的効力―改訂Ⅰ第1章の問5（19頁），改訂Ⅳ第1編第7章の問41（137頁）参照）。

2　設問の事例と問題点

　設問における出生子は，韓国人男・女間の婚外子として出生したものであるところ，日本国内で出生したことから出生の届出を要することになったものと思われますが，その届出に際し，韓国人父から嫡出子として出生の届出がなされ，当該届出が受理されたために，設問のような問題が生じたものです。

ところで，設問の追完届出の受否を判断するには，その前提問題と
して，当該出生子の父子関係の成立の準拠法との関係や当該嫡出子出
生届と認知の成否との関係等を検討することが必要となります。

　(1)　非嫡出親子関係成立の準拠法と当該出生子の父子関係の成立

　わが国では，出生による非嫡出親子関係の成立に関する準拠法は，
父との間の親子関係については子の出生の当時における父の本国法
（父が子の出生前に死亡したときは，その死亡当時における父の本国法）
により，母との間の親子関係については出生当時における母の本国法
によります。また，子の認知については，上記の法によるほか，認知
の当時における認知する者の本国法又は子の本国法によることもでき
ます（通則法29条1項・2項）。このことから，婚姻関係にない韓国人
男・女間に出生した設問の子の親子関係の成立に関しては，父子関係，
母子関係ともに，韓国法によることになります。そして，韓国法によ
れば，嫡出でない子については，特に父との間の親子関係に関しては，
父の認知によって成立するものとされており（韓国民法855条〜860条），
いわゆる認知主義が採られています。なお，認知の方式については，
認知の成立について適用すべき法（具体的には，子の出生当時若しくは
認知する時の認知する者の本国法又は認知する時の子の本国法）によるほ
か，行為地法による方式も有効です（通則法34条）。以上の点から，設
問の子については，本来的には，韓国人父からの認知によって（例え
ば，日本法による方式として，日本の市区町村長に対し認知の届出をする
ことによって）父子関係を成立させるべきであったところ，これによ
ることなく，嫡出子として出生の届出をして受理されたというもので
す。

　(2)　設問の嫡出子出生届と父の認知の成否

　前記(1)で述べたところにより，当該嫡出子出生の届出に韓国人父の
認知の届出の効力が認められるかが問題となります。この問題につい
て，日本の裁判例では，夫が妻以外の女性との間にもうけた嫡出でな

い子について，妻との間の嫡出子（又は嫡出でない子）として出生の届出をしている事案において，上記の「各出生届が戸籍事務管掌者によって受理されたときは，その各届は認知届としての効力を有するものと解するのが相当である。」としており（最判昭和53・2・24-民集32巻1号110頁）〔**注**〕，戸籍の実務もまた，この判決の趣旨にかんがみ，嫡出でない子について，父が届出資格を父としてした嫡出子出生の届出又は非嫡出子出生の届出が受理された場合には，その出生届出自体に父の認知の届出の効力を認め，それ以降の戸籍事務を取り扱うべきことを明らかにしています（昭和57・4・30民二2972号通達。なお，その具体的処理の方法等について，木村『注解戸籍届出追完の実務』59頁以下参照）。

　設問において韓国人父からの認知があったかどうかを検討しますと，韓国民法第859条第1項は「認知は，家族関係の登録等に関する法律の定めるところにより，届出によってその効力を生ずる。」と規定していることから，設問における認知の実質的成立要件は，身分官署への認知の意思表示ということになります。そして，設問における嫡出子出生の届出は，韓国人男女間の婚外子について父からされたものですが，当該出生の届出には，当該出生子を韓国人父が自己の子であることを承認し，それを申告する意思（つまり，認知の意思表示）が含まれていると考えられ，認知の実質的成立要件を満たしているものと評価することができます。次に，認知の具体的な方式は，行為地法である日本法の方式によることができるところ，「認知届」という届書に基づく認知の届出のみならず，嫡出子出生の届出についても認知の届出として評価することができることは上記説明のとおりです。以上の諸点から，当該嫡出子出生の届出には，韓国人父の認知の届出の効力を認めることができます。ちなみに，この点については，韓国でも同様に解されているようです（金疇洙・金相珞著『注釈大韓民国親族法』473頁）。

3 設問の追完届出がされた場合の処理

設問における嫡出子出生の届出について，韓国人母から嫡出でない子とする追完の届出がされた場合は，父母について婚姻関係が存在しないことを明らかにすることを求めた上（例えば，家族関係証明書，独身証明書等を添付する。），これを受理して，先の嫡出子出生の届出（この出生届に父の認知の届出の効力が認められることは前述のとおりです。）と追完の届出とを合わせて一体のものとして取り扱い，引き続き戸籍の記載不要届書類として保存すべきことになります（戸規50条）。

〔注〕 当該判例は，その理由について「認知届は，父が，戸籍事務管掌者に対し，嫡出でない子につき自己の子であることを承認し，その旨を申告する意思の表示であるところ，右各出生届にも，父が，戸籍事務管掌者に対し，子の出生を申告することのほかに，出生した子が自己の子であることを父として承認し，その旨申告する意思の表示が含まれており，右各届が戸籍事務管掌者によって受理された以上は，これに認知届の効力を認めて差支えないと考えられるからである。」としています。

問19　日本人男Ａと離婚した韓国人女の胎児を日本人男Ｂが認知したが，被認知胎児が母の離婚後300日以内に出生したため，当該出生子については，母から前夫Ａの嫡出子として出生届出がされ，Ａの戸籍に入籍した。この度，当該子と戸籍上の父Ａとの親子関係不存在確認の裁判が確定し，母から先にした出生届に対し，胎児認知した日本人男Ｂとの嫡出でない子とする追完の届出がされた場合，どのように処理すべきですか。

答　設問については，当該出生子につき母の前夫日本人Ａ男との間に親子関係不存在確認の裁判が確定したことにより日本人Ｂ男からされた胎児認知の届出の効力が認められることとなるので，母からされた先の出生届に対する追完の届出（当該子は，胎児認知した日本人男Ｂの嫡出でない子につき，氏及び本籍を定めて新戸籍を編製する趣旨の追完事項となる。）を受理し，この届出と先にされた出生の届出とを合わせて一体のものとして取り扱い，当該子について，単独の新戸籍を編製する処理をすべきです。

【解説】

1　渉外的胎児認知と成立の準拠法

　外国人女の胎児を日本人男が認知する事例の多くは，一般に被認知胎児の出生による日本国籍の取得（国２条１号）を目的としているものとみられますが，この認知による非嫡出父子関係の成立の準拠法について，通則法は，①子の出生の当時若しくは認知の当時の認知する者の本国法，又は，②認知の当時の子の本国法によるものとしています（通則法29条１項前段・２項前段）。このことから，日本人を当事者

とする認知の場合（認知される子又は認知する父が日本人の場合）には，その本国法である日本民法を準拠法とするのが一般的であり（基本通達第4の1(1)参照），設問における胎児認知（すなわち，韓国人女の胎児に対する日本人B男の認知）の届出についても日本法を準拠法として実質的要件を審査の上，これを受理したものと考えられます。

2　離婚した母の胎児に対する認知と効力

　ところで，認知は，事実上の父子関係にある者の間に法律上の父子関係を創設する身分上の法律行為です。このため，他男の嫡出推定を受ける子や他男の認知した子を認知することができないことは明らかです（大判大正5・4・29-民録22輯824頁，大正5・11・2民1331号回答，大正7・7・4民1296号回答）。このことは，胎児認知の場合においても同様です。

　しかし，離婚した母が懐胎している胎児については，当該胎児が出生後に果たして母の前夫の嫡出推定を受ける子となるかどうかは，その出生前は不明であることから，他男から胎児認知の届出がされた場合は，一応これを受理することとされています（大正7・3・20民364号回答，昭和57・12・18民二7608号回答）。そして，その届出の受理後に，被認知胎児が外国人母の日本人前夫との離婚後300日以内に出生したときは，同前夫の嫡出推定を受けることとなり（民772条2項），当該胎児認知の届出の効力は生じないこととなります。しかし，その後において，当該出生子につき日本人前夫の嫡出推定を排除する裁判（嫡出否認又は親子関係不存在確認の裁判等）が確定したときは，子は生来的に嫡出でない子であったことになるので，他男からされた先の胎児認知の届出の効力が認められることとなります（昭和57・12・18民二7608号回答，平成3・1・5民二183号回答）。

3　設問の胎児認知届出の効力と追完届出の処理

　設問は，日本人男Aと離婚した韓国人女の胎児を日本人男Bが認知したところ，当該被認知胎児が離婚後300日以内に出生したため，母

から前夫Ａの嫡出子として出生の届出をしてその戸籍に入籍の記載がされている場合において，当該子につき戸籍上の父Ａとの間に親子関係不存在確認の裁判が確定したため，同裁判に基づく戸籍法第116条の訂正手続により，子をＡの戸籍から消除する訂正がされた後，母から先にされた出生の届出につき，胎児認知した日本人男Ｂの嫡出でない子とする追完の届出がされた場合です。

当該出生子については，前記のとおり，母の前夫である日本人男Ａの嫡出推定を排除する裁判の確定により，日本人男Ｂからされた胎児認知の届出の効力が認められることとなるので，当該追完の届出を受理し，この届出と先にされた出生の届出とを合わせて一体のものとして取り扱い，当該子について，単独の新戸籍を編製すべきことになります（戸22条）〔注〕。この場合，子は，嫡出でない子であり当然には父Ｂの氏を称しないので，追完の届出に当たっては，子の氏及び本籍を定めることが必要となります。また，当該子の新戸籍及び父Ｂの戸籍には，胎児認知に関する事項の記載を要します（戸規35条2号）。

上記の場合の戸籍の具体的処理例は，後掲の(1)ないし(5)のとおりです。

なお，被認知胎児が出生し，母の前夫の嫡出推定を受けることが明らかとなったため，先の胎児認知届出の受理処分を撤回し，不受理処分とする手続がとられた後に，前夫の嫡出推定を排除する裁判が確定した場合（平成11・11・11民二・民五2420号通知，改訂Ⅳ第2編第8章の問50（365頁参照））においても，基本的に本事例の場合と同様の処理をすることになります。

〔注〕　被認知胎児が出生した場合において，その子が母の前夫の嫡出推定を受けることが明らかとなったときは，胎児認知届出の効力は認められないこととなるため，同届出の受理処分を撤回し，不受理処分をすべきものとされています（平成11.11.11民二・民五2420号通

知）。そこで，受理市区町村長がこの不受理処分の処理（手続）を
行うには，その事由（すなわち，胎児認知届出の受理後，被認知胎
児が出生していること，及び当該子が母の前夫の嫡出推定を受ける
ものであること。）を認識していることが必要であり，また，その
ためには，当該出生子につき母から出生の届出をする際に上記の事
実関係を同市区町村長に申出をする等して明らかにすることが必要
です（受理市区町村長自身もまた，独自に「胎児認知に関する届書
つづり」（標準準則38条）等により被認知胎児の出生届出の有無等
の把握に努めることとなりますが，すべての出生届を通じてそれを
行うことは実際上困難であり，しかも，日本人男が外国人女の胎児
を認知する届出は，外国人母の住所地の市区町村長にすべきものと
されている（昭和29・3・6民事甲509号回答）ところ，被認知胎
児が出生し，その出生届出をする場合であっても，必ずしも胎児認
知届の受理市区町村長に出生届がされるとは限らない（戸25条・51
条）のでなおさらです。）。

　設問の場合は，当該出生子について，外国人母から出生の届出を
する際に前記の申出がされない（したがって，当該胎児認知届につ
き不受理処分の処理はされない。）でいる間に，日本人前夫Ａの嫡
出推定を排除する裁判が確定した事例です。この場合，当該子に対
する日本人男Ｂの胎児認知の届出は実体法上有効であることは明ら
かです。したがって，当該届出につきいったん不受理処分をした上，
再度届出をしてもらう必要性はないと考えます。

(1) 戸籍訂正申請書

戸 籍 訂 正 申 請

横浜市中 市⊗ 町村 長 殿

令和 5 年 7 月 20 日申請

	受付	令和 5 年 7 月 20 日		戸 籍
		第 789 号		調査

(一) 事件本人	本 籍	横浜市中区山下町1丁目2番地		記載
	筆頭者氏名	甲 野 義太郎		記載調査
(二)	住所及び世帯主氏名	東京都千代田区平河町1丁目4番16号　李　花子		送付
(三)	氏 名	甲 野 正 夫		住民票
	生年月日	令和3年11月20日		記載
(四)	裁 判 の 種 類	親子関係不存在確認の裁判		通知 附票 記載
	裁 判 確 定 年 月 日	令和 5 年 6 月 23 日		通知
(五)	訂 正 の 趣 旨	事件本人甲野正夫について、令和5年6月23日甲野義太郎との親子関係不存在確認の裁判が確定したため、上記甲野義太郎戸籍から消除する。		
(六)	添 付 書 類	裁判の謄本、確定証明書		
(七) 申請人	本 籍	横浜市中区山下町1丁目2番地		
	筆頭者氏名	甲 野 義太郎		
	住 所	東京都文京区白山3丁目4番5号		
	署 名 (※押印は任意)	甲 野 義太郎　㊞		
	生年月日	平成3年1月16日		

（注意）事件本人又は申請人が二人以上であるときは、必要に応じ該当欄を区切って記載すること。

⑵ 〔コンピュータシステムによる証明書記載例〕 子の出生当時の父の
戸籍中子の欄

全 部 事 項 証 明

本　　籍	横浜市中区山下町一丁目2番地
氏　　名	甲野　義太郎
戸籍事項 　　戸籍編製	（編製事項省略）

戸籍に記録されている者 　消　　除	【名】正夫 【生年月日】令和3年11月20日 【父】甲野義太郎 【母】李花子 【続柄】長男
身分事項 　　出　　生	【出生日】令和3年11月20日 【出生地】東京都中央区 【届出日】令和3年12月1日 【届出人】母 【送付を受けた日】令和3年12月3日 【受理者】東京都中央区長
消　　除	【消除日】令和5年7月20日 【消除事項】戸籍の記録全部 【消除事由】甲野義太郎との親子関係不存在確認の裁判確定 【裁判確定日】令和5年6月23日 【申請日】令和5年7月20日 【申請人】甲野義太郎
	以下余白

発行番号

(3) 出生届に対する追完

追　完　届

東京都中央 市⊠町村 長 殿

令和 5 年 7 月 23 日届出

受附	令和 5 年 7 月 23 日	第 3978 号
	書類調査　戸籍記載　記載調査　附　票　住民票　通　知	

		種　　類	出生届	届出の年月日	令和 3 年12月 1 日	基本届出事件の受付年月日及び受付番号	令和 3 年12月 1 日
(一)	追完を要する届出事件						
(二)		届　出　人	李　　花子				第　　8820　　号
(三)		事件本人 本　　籍	横浜市中区山下町 1 丁目 2 番地				
		筆頭者氏名	甲　野　義太郎				
(四)		住所及び世帯主氏名	東京都千代田区平河町 1 丁目 4 番16号　李　花子				
(五)		氏　　名	甲　野　正　夫				
		生年月日	令和 3 年 11 月 20 日				
(六)	追　完　の　事　由		事件本人甲野正夫について、令和 5 年 6 月23日父甲野義太郎との親子関係不存在確認の裁判が確定したため、令和 3 年 7 月21日付けで東京都千代田区長受理の東京都中央区築地 4 丁目 3 番地乙川忠雄が届出した事件本人の胎児認知が効力を生じたため。				
(七)	追　完　す　る　事　項		事件本人につき次のとおり追完する。 1　事件本人の氏「甲野」を「乙川」と訂正する。 2　父母との続柄を「嫡出でない子」、「長男」と訂正する。 3　父の記載を乙川忠雄、平成 5 年 2 月13日（満28歳）と訂正する。 4　本籍及び筆頭者の氏名を消除する。 5　事件本人につき、本籍を「東京都中央区築地 4 丁目 3 番地」と、氏を「乙川」と定めて新戸籍を編製する。				
(八)	添　付　書　類		甲野義太郎の戸籍謄本、出生届書記載事項証明書				
(九)	届出人	本　　籍	国籍　韓国				
		筆頭者氏名					
		住　　所	東京都千代田区平河町 1 丁目 4 番16号				
		届出人の資格及び署名（※押印は任意）	母　李　　花　子　㊞				
		生年月日	西暦1994 年　8 月 16 日				

(4) 〔コンピュータシステムによる証明書記載例〕　子の新戸籍

全 部 事 項 証 明

本　　籍	東京都中央区築地四丁目３番地
氏　　名	乙川　正夫

戸籍事項 　　戸籍編製	【編製日】令和５年７月２３日
戸籍に記録されている者	【名】正夫 【生年月日】令和３年１１月２０日 【父】乙川忠雄 【母】李花子 【続柄】長男
身分事項 　　出　　生	【出生日】令和３年１１月２０日 【出生地】東京都中央区 【母の国籍】韓国 【母の生年月日】西暦１９９４年８月１６日 【届出日】令和３年１２月１日 【届出人】母 【入籍日】令和５年７月２３日 【特記事項】令和５年７月２３日母追完届出
認　　知	【胎児認知日】令和３年７月２１日 【認知者氏名】乙川忠雄 【認知者の戸籍】東京都中央区築地四丁目３番地　乙川忠雄 【送付を受けた日】令和５年７月２５日 【受理者】東京都千代田区長
	以下余白

発行番号

⑸ 〔コンピュータシステムによる証明書記載例〕 胎児認知した父の
　戸籍中父の身分事項欄

本　　籍	東京都中央区築地四丁目3番地
氏　　名	乙川　忠雄

戸籍事項 　　戸籍編製	（編製事項省略）

戸籍に記録されている者	【名】忠雄 【生年月日】平成5年2月13日 【父】乙川忠一 【母】乙川松子 【続柄】二男

身分事項 　　出　　生 　　認　　知	（出生事項省略） 【胎児認知日】令和3年7月21日 【認知した子の氏名】乙川正夫 【認知した子の戸籍】東京都中央区築地四丁目3番地　乙川正夫 【送付を受けた日】令和5年7月25日 【受理者】東京都千代田区長

以下余白

発行番号

※　追完届を受付後，東京都中央区長は，東京都千代田区長に対し，胎児認知
　届書（元本）の送付を依頼し，その送付を受けて子及び父の戸籍に胎児認知
　事項を記録します。

問20　韓国人男と日本人女間に出生した嫡出でない子について，父から韓国人妻との間の嫡出子出生届がされている場合において，子と日本人母との母子関係存在確認の裁判があり，父から先の出生届に対し母の氏名及び父母との続柄を訂正する旨の追完届がされたときは，どのように処理すべきですか。

答　　設問については，韓国人父から先の嫡出子出生の届出に対し，当該出生子と日本人母との母子関係存在確認の裁判の謄本を添付して，母の戸籍の表示・氏名及び父母との続柄を訂正する旨の追完の届出がされたときは，これを受理して，当該嫡出子出生の届出と追完の届出とを合わせて一体のものとして取り扱い，子を日本人母の嫡出でない子として母の戸籍に入籍させる処理をすべきです。

【解 説】

1　設問の事例と戸籍取扱いの変遷

(1)　設問の事例

　設問は，韓国人男が婚姻外の日本人女との間に出生した子を，同国人である妻との間の嫡出子として出生の届出をして受理され，同届書が戸籍の記載を要しない届書類として受理市区町村において保管されている（戸規50条）場合において，当該出生子につき日本人実母との母子関係存在確認の裁判が確定し，韓国人父から先の出生届に対し母に関する記載を訂正する旨の追完の届出がされた場合の戸籍の処理等を問うものです。

(2)　従前における戸籍の取扱い

　ところで，本事例のように，婚姻関係にない韓国人男と日本人女と

の間の出生子について，現行戸籍法の施行後において，父からその妻（同国人）との間の嫡出子として虚偽の出生届出をして受理されている（したがって，当該出生届書は，戸籍の記載を要しない届書類として受理市区町村において保管されている。）場合において，当該出生子の身分関係を実体のそれと合致するよう是正するための手続としては，次のように取り扱われていました。すなわち，先に父からされた当該嫡出子出生の届出について認知の効力を否定する（認知は要式行為であり，戸籍法所定の認知届以外の方法によって認知の意思表示をすることはできないとの理由による。）とともに，これを無効の届出と解した上，改めて日本人女（実母）から嫡出でない子として出生の届出をすること（したがって，この届出により当該子を日本人母の戸籍に入籍の記載をする。）を認めるとともに，先の嫡出子出生届書については，無効の届書である旨の付せんをしておく取扱いとされていました（昭和25・2・3民事甲154号回答，昭和26・9・18民事甲1797号回答，昭和37・7・6民事甲1874号回答）。

　上記のような処理手続が採られた理由としては，一つには，前記のとおり，父からされた虚偽の嫡出子出生の届出に認知の効力を認めることはできないとしていた点にありますが，もう一つの側面として，そもそも届出の追完は，市区町村長がいったん受理した届書に不備があり，戸籍の記載をすることができない場合に，これを是正補完する手続であることから，戸籍に記載されることのない外国人についてなされた届出については，仮に届書の記載に誤り等があるとすれば，いつでもこれを追完の届出によって是正することが認められるとの考え方が作用していたように思われます。

(3)　戸籍取扱いの変更

　しかしながら，その後，戸籍先例は，婚外子につき父からされた妻との間の嫡出子出生の届出に認知の効力を認める方向での戸籍訂正（当該子が妻との子でないことが裁判により確定した場合，当該子の戸籍

の母欄の記載を訂正するが，父欄の記載はそのままとする趣旨の戸籍訂正）を承認し（昭和40・1・7民事甲4016号通達），さらに婚外子につき父から嫡出子として又は嫡出でない子として出生の届出をしている場合にも認知の届出の効力を認めるべきであるとの最高裁判決（最判昭和53・2・24-民集32巻1号110頁）の趣旨に全面的に沿う戸籍訂正を認めるようになりました（昭和57・4・30民二2972号通達参照）。

　なお，前掲の昭和40年4016号通達の趣旨は，その後における先例により（後掲参照），設問のような日本人と朝鮮（韓国）人間の出生子についても妥当するものとして取り扱うこととされています（昭和40・4・22民事甲846号回答，昭和40・4・23民事甲869号回答，昭和40・5・13民事甲794号回答ほか）。

　以上により，設問のような事例については，先に父からされた嫡出子出生の届出には，認知の届出の効力が認められることとなるため，前記従前の取扱い（すなわち，当該嫡出子出生の届出を無効と解して，日本人実母から改めて非嫡出子出生届出をすること。）は変更されるに至りました。そして，変更後は，先の嫡出子出生届書中の母に関する記載を訂正するには，その前提として，まず，当該出生子について，表見上の母（韓国人父の同国人妻）又は日本人実母との母子関係存否確認の裁判を得た上，その裁判の謄本を添付して，韓国人父から（もし，父が所在不明等の場合は日本人実母から），先の嫡出子出生届に対し，母の氏名，本籍等を訂正する旨の追完の届出をすることを要するとされました（昭和40・7・5民事甲1709号回答，木村『戸籍届出追完の実務』87頁，105頁以下参照）。追完の届出の前提として，当該子につき母子関係存否確認の裁判を要するとの趣旨は，外国人に関する届書は，外国人の身分関係の公証について戸籍に代わる重要な証明書類であり（改訂①第2章の問81（305頁）参照），それが，いったん受理され，受理市区町村において戸籍に代わる身分関係の公証資料として保管されることとなった以上は，その内容の訂正変更は軽々にこれを許すべき

ではなく，殊に，親子に関する重要な届出事項（届書の記載）が事実に反するとして，その訂正を求める場合には，事柄の重要性にかんがみ，親子関係の存否に関する確定裁判を得た上で，その謄本を添付して追完の届出をするのが妥当であるというものです（星智孝「婚姻関係にない男女間に出生した子につき，事実上の父から嫡出子出生届がなされている場合の戸籍訂正について㈡」戸籍215号4頁以下）。

2　設問の事例についての戸籍の処理

　まず，設問の事例における嫡出子出生の届出により，届出人である韓国人父が認知をしたものかどうかを検討しますと，認知については，子の本国法を実質的成立要件及び形式的成立要件（方式）の準拠法として適用することができます（通則法29条1項前段・2項前段・34条）。そして，届出事件の本人である当該出生子は，日本国籍の生来的取得者ですから（国2条1号），当該出生子の本国法は日本法であり，上記のとおり設問のような嫡出子出生の届出についても，民法及び戸籍法上（民779条，戸60条），嫡出子出生の届出には認知の効力を認めることができますから，韓国人父により，有効に認知されたものというべきです。

　次に，設問の事例については，先の嫡出子出生届書中母に関する記載を訂正する前提としての日本人実母との母子関係存在確認の裁判を得ているので，韓国人父から，当該嫡出子出生の届出に対し，上記の裁判の謄本を添付して，母の氏名及び父母との続柄を訂正する旨の追完の届出がされたときは，これを受理した上，当該子を日本人母の嫡出でない子として，母の戸籍に入籍の記載処理をすべきこととなります。なお，本例の場合，基本の嫡出子出生の届出には，前述のとおり，韓国人父の認知の届出の効力を認める取扱いをすることとなるので，当該届書中父に関する記載を消除する等の追完の届出をすることは許されません。

　上記の追完届，戸籍記載等の処理例は，後掲の⑴・⑵のとおりです。

(1) 出生に関する追完

追　完　届

東京都千代田区 市 ⓧ 町村 長　殿

令和 5 年 2 月 15 日届出

受附		令和 5 年 2 月 15日	第 978 号
	書類調査	戸籍記載	記載調査附　票 住民票通　知

(一)	追完を要する届出事件	種　　　類	出生届	届出の年月日 平成30年2月10日	基本届出事件の受付年月日及び受付番号 平成30年2月10日 第　820　号
(二)		届　出　人	金　　正　　根		
(三)		事件本人	本　　籍	国籍　韓　国	
			筆頭者氏名		
(四)			住所及び世帯主氏名	東京都千代田区平河町1丁目4番16号　乙川花子	
(五)			氏　　名	金　　泰　　明	
			生年月日	平成30年2月1日	

(六)	追　完　の　事　由	事件本人泰明について別紙のとおり令和5年1月30日実母乙川花子との母子関係存在確認の裁判が確定した。
(七)	追　完　す　る　事　項	事件本人の父母との続柄並びに母の氏名、生年月日及び戸籍の表示を次のとおり訂正する。 1　事件本人の父母との続柄「嫡出でない子（長男）」 2　母の氏名「乙川花子」、母の生年月日「昭和63年11月9日」、母の戸籍の表示「京都市北区小山初音町18番地乙川花子」
(八)	添　付　書　類	実母乙川花子との母子関係存在確認の裁判の謄本及び確定証明書

(九)	届出人	本　　籍	国籍　韓　国
		筆頭者氏名	
		住　　所	東京都千代田区平河町1丁目4番16号
		届出人の資格及び署名（※押印は任意）	父　金　　正　　根　㊞
		生年月日	西暦1985年　8月16日

(2) 〔コンピュータシステムによる証明書記載例〕　母の戸籍中子の身分
　　事項欄

（1の1）　全部事項証明

本　　籍	京都市北区小山初音町１８番地
氏　　名	乙川　花子

戸籍事項 　　戸籍編製	（編製事項省略）

戸籍に記録されている者	【名】泰明 【生年月日】平成３０年２月１日 【父】金正根 【母】乙川花子 【続柄】長男
身分事項 　　出　　生	【出生日】平成３０年２月１日 【出生地】東京都千代田区 【父の国籍】韓国 【父の生年月日】西暦１９８５年８月１６日 【届出日】平成３０年２月１０日 【届出人】父 【送付を受けた日】令和５年２月１７日 【受理者】東京都千代田区長
	以下余白

発行番号

※　【父の国籍】，【父の生年月日】及び【届出人】から，認知届出の効力を有す
　る出生届出をしたと読み取ります。

> **問21　フィリピン人女の嫡出でない子として母からされた出生の届出が受理された後，出生届書に記載した生年月日を訂正する旨の追完の届出が母からされた場合，どのように処理すべきですか。**

答　　設問については，当該追完届出の対象である先の出生届書に記載の「生年月日」を，①添付の出生証明書に記載の生年月日に訂正する場合と，②添付の出生証明書に記載の生年月日に誤りがあったため，正当な生年月日に訂正する場合が考えられます。そして，①の場合は，追完届をそのまま受理することができますが，②の場合は，出生証明書を作成した医師（又は助産師）から，先の出生証明書を誤記した理由書と正しい出生証明書を添付して追完届をすることが必要です。

　　以上により追完届を受理したときは，先の出生届書と合わせて完全な届書として保存します。

【解　説】────────────────────────────

1　外国人の報告的届出義務

　戸籍法は，人の身分関係の記録・公証を目的とする行政法規としての実質を有していることから，外国人の身分関係の変動が日本国内で発生した場合には，戸籍法の関係規定の適用がある（戸籍法の属地的効力）とされています（改訂①第1章の問5（19頁）参照）。そこで，例えば，外国人が日本国内で出生し，あるいは死亡した場合など身分変動の事実が生じた場合には，戸籍法の定めるところによってそれぞれ出生又は死亡の届出をすべき義務を負うものと解されています（明治32・8・5民刑1442号回答，昭和24・3・23民事甲3961号回答）。

2　外国人の子の出生届出と審査

　日本国内で出生した外国人の子については，前記のとおり，戸籍法の規定に従って出生の届出を要することになりますが，この場合，その届出に当たっては，日本人の子の場合と同様，特に出生の事実関係を明らかにする資料として，出産に立ち会った医師，助産師又はその他の者の作成した「出生証明書」を添付しなければなりません。出生証明書の様式についても，「出生証明書の様式等を定める省令」（昭和27年法務省令・厚生省令1号）に定める様式によらなければならないことは当然です〔**注1**〕。そして出生届の審査に当たっては，出生届書の記載と添付の出生証明書の記載とは，原則として常に一致すべきものであるため，両者の記載をかれこれ対照し，そごがないことを確認することが必要です。特に，子の男女の別，母の氏名，出生の年月日時分及び出生の場所の記載については，両者の記載は一致しているべきですから，この点の審査に適正を得ることが求められます（木村・神崎「全訂戸籍届書の審査と受理」204頁。なお，改訂Ⅳ第1編第7章の問43（145頁）参照）。

3　設問の事例と追完届出の処理

(1)　設問の事例

　設問は，日本国内で出生したフィリピン人女（母）の嫡出でない子について，母からされた出生の届出が受理された後，同届書の出生子の「生年月日」の記載に誤りがあるとして，これを訂正する旨の追完の届出が母からされた場合の処理を問うものです。

(2)　設問の追完届出の処理

　外国人の子が日本国内で出生した場合には，前記1のとおり，戸籍法の規定に従って出生の届出をすることを要し，また，届出に際しては，日本人子の場合と同様に，出産に立ち会った医師又は助産師等の作成した「出生証明書」を添付してこれをすべきこととなります（戸49条3項）。そして，設問で問題とされている，出生子の「生年月日」

については，出生届書の必要的記載事項の一つであり（戸49条2項2号），しかも，この記載は，添付の出生証明書の記載と一致していなければならないものです。このことから，設問の出生届書における，出生子の「生年月日」の記載の誤りの原因（態様）としては，次の二つの場合が考えられるところです。

①　出生証明書の記載は正当にされているところ，届出人が届書の記載を誤って（つまり，出生証明書の記載と異なる生年月日を記載して）届け出て，そのまま受理されている場合。例えば，出生証明書に記載された元号を西暦の表示とするときに，誤った場合。

②　医師（又は助産師）が出生証明書を作成する際，子の生年月日を誤記して交付し，届出人もまた，その誤りに気づかぬまま届書にそれを記載して届け出て受理されている場合。

上記の各場合における追完の届出方法等とすれば，①の場合は，届書の子の生年月日の記載の誤りは，添付の出生証明書の記載によって明瞭であるため，その旨と追完すべき事項を追完届書の所定欄に記載して届出をすれば足ります。②の場合は，担当の医師（又は助産師）から，先に作成交付した出生証明書について誤記の理由を記載した書面とともに，正しい出生証明書の交付を得た上，これを添付して追完の届出をすればよいと考えます（死亡診断書の誤記訂正の取扱いについて―昭和48・8・23民二6498号・厚生省統発330号法務省民事局長・厚生省大臣官房統計調査部長通達参照）〔注2〕。

以上の方法によってされた追完の届出はこれを受理した上，先の出生届書とともに一括して保存する処理を行うのが相当です。

〔注1〕　外国人たる子が，例えば，日本に在る当該外国人の医師又は助産師等の介助によって出産したため，戸籍法所定の出生証明書とは異なる様式の出生証明書を添付して届け出た場合は，届書にその事由を記載すべきであり，また，その届出を市区町村長が受理

する場合は，管轄法務局長等の指示を得ることが必要と考えます（昭和24・10・15民事甲2338号回答，昭和23・12・1民事甲1998号回答参照）。

〔注2〕　外国人に関する届書類は，当該外国人の身分関係を公証する上で戸籍に代わる重要な役割を果たすものであるため，例えば，前に届け出た夫婦・親子関係等の身分関係に影響を及ぼすような追完の届出をする場合は，その前提として，それらに関する確定裁判を得ることが必要です（昭和40・5・13民事甲794号回答，同日民事甲797号回答ほか参照）。これに対し，設問の追完届は，外国人子の出生届書に記載の本人の生年月日の訂正を対象とするものであり，いわゆる事実に関する事項の訂正に属するため，事実を証明する客観的な資料が存在すれば，それによって追完が認められます。

> **問22** フィリピン人男と日本人女間に出生した嫡出でない子の戸籍の父欄に氏名が記載されていない場合に，子の出生時におけるフィリピン人父の本国法に基づいて，母から父の氏名を記載する旨の追完届がされたときは，どのように処理すべきですか。

答 　設問の追完の届出については，父の国籍証明書及び父の申述書，父の署名のある出生証明書等，その者が事件本人の父であることを認めていることの証明書の添付があれば，その届出を受理した上，これに基づいて子の戸籍に父の氏名を記載する処理をすべきです。

【解 説】

1　嫡出でない子の渉外的父子関係の成立に関する準拠法

　通則法は，嫡出でない子の父子関係の成立に関する準拠法については，子の出生当時における父の本国法（父が子の出生前に死亡したときは，その死亡当時における父の本国法）によることとしており（通則法29条1項・3項），この規定は，認知主義による父子関係の成立のほか，事実主義による父子関係の成立についても適用されます。そして，子の本国法上の保護要件は，認知の場合のみに適用され，事実主義による父子関係の成立については適用されません。

　設問における出生子は，フィリピン人男と日本人女間に出生した嫡出でない子であるため，その父子関係については，フィリピン共和国法が事実主義を採用している場合は，同法によります。

2　フィリピン共和国法における父子関係の成立

　フィリピン共和国法によれば，嫡出子の父子関係の成立については，次のように規定されており，また，嫡出でない子の父子関係は嫡出子

と同様の方法及び証拠により確定されるものとされています（フィリピン家族法172条・175条，木村三男監修『全訂新版渉外戸籍のための各国法律と要件V』418頁以下参照）。

(1) 嫡出子の父子関係は，次に掲げる証拠により，確定される。①民事登録簿に記載された出生記録又は確定判決，②公文書又は父母が手書きの上署名した私文書において父母が嫡出親子関係を自認していること

(2) 前項に掲げる証拠がない場合は，嫡出親子関係は，次により証明しなければならない。①嫡出子たる身分の公然かつ継続的な保有，②裁判所規則及び特別法によって認められるその他の方法

　これは，父子関係の成立について，わが国のような認知という行為を要しないで，血縁関係が客観的に存在すれば父子関係を認めるとする，いわゆる事実主義を採るものです。したがって，フィリピン人男と日本人女間に出生した嫡出でない子の父子関係は，血縁関係が客観的に証明されれば，わが国においても，これが認められることになります。

3　外国人父の本国法が事実主義を採る場合における日本人母の嫡出でない子の取扱い

　前記2に述べたように，父子関係について事実主義を採る国が存在していることから，わが国の戸籍実務においては，外国人父の本国法が事実主義を採る場合における日本人母の嫡出でない子の出生の届出において，①届書の父欄に氏名の記載があり，「その他」欄に父の本国法が事実主義を採用している旨の記載があり，かつ，父の国籍証明書，父の本国法上事実主義が採用されている旨の証明書及びその者が事件本人の父であることを認めていることの証明書（父の申述書，父の署名ある出生証明書等）の提出があるときは，事件本人の戸籍に父の氏名を記載するものとされ，また，②出生の届出に基づき子が入籍している場合において，母から①に掲げる証明書を添付して父の氏名

を記載する旨の追完の届出があったときは，これを受理し，事件本人の戸籍に父の氏名を記載する取扱いをするものとしています（基本通達第3の2(2)）。

4 設問の場合の戸籍の処理

設問は，フィリピン人男と日本人女間に出生した嫡出でない子の戸籍の父欄に父の氏名が記載されていない場合に，子の出生時におけるフィリピン人父の本国法に基づいて，母から父の氏名を記載する旨の追完届がされた場合です。

上記の追完届出については，関係書類として，父の国籍証明書及びその者が事件本人の父であることを認めていることの証明書（父の申述書，父の署名ある出生証明書等）の添付があれば，これを受理し，その届出に基づいて子の戸籍に父の氏名を記載します。なお，フィリピン共和国においては，前記2に述べたとおり，父子関係について事実主義を採ることが明らかであることから，父の本国法上事実主義が採用されている旨の証明書を添付する必要はないと考えます。

戸籍の記載は，次の振合いによることになります。

◎ コンピュータシステムによる証明書記載例

出　　生	【出生日】令和4年9月19日
	【出生地】東京都千代田区
	【父の国籍】フィリピン共和国
	【父の生年月日】西暦1988年6月2日
	【届出日】令和4年9月25日
	【届出人】母
追　　完	【追完日】令和5年6月5日
	【追完の内容】父の国籍，生年月日
	【届出人】母
	【記録の内容】
	【父の国籍】フィリピン共和国
	【父の生年月日】西暦1988年6月2日

追　　完	【追完日】令和5年6月5日
	【追完の内容】父の氏名
	【届出人】母
	【記録の内容】
	【父】アーティアート，サムエル

※　段落ちタイトル追完以下の記録は，移記事項にはなりませんので，出生事項の【父の国籍】と【父の生年月日】だけを見て，認知届出の効力を有する出生届出と見誤らないよう留意が必要です。本例では届出人が母となっているので，認知効のある出生届がなされていないことは明らかです。

第3章　認知届に関するもの

> **問23　帰化届により新戸籍が編製された者から，帰化前に日本人女の嫡出でない子を日本の方式（届出）により認知していたとして，戸籍にその認知事項を記載されたい旨の申出があった場合，どのように処理すべきですか。**

答　設問の場合は，帰化届書及び身分証明書に帰化前の認知に関する事項の記載を遺漏したため，帰化後の戸籍にその記載がされなかったものです。したがって，届出義務者である帰化者本人から，先の帰化届出に対し，当該認知事項を戸籍に記載する旨の追完届によって処理すべきものと考えます。

【解　説】

1　帰化の届出と戸籍の処理

(1)　帰化による日本国籍の取得

外国人は，国籍法に定める条件を備えている場合において，本人（15歳未満の場合は，その法定代理人）の意思に基づき法務大臣に帰化許可申請をし，それが法務大臣に許可され，官報にその旨の告示がされたときは，その告示の日から日本国籍を取得し，日本国民となることができます（国4条〜10条・18条，国規2条・4条）。

(2)　帰化の届出と戸籍の記載

帰化を許可された者は，日本人として新たに戸籍に記載を要することとなるため，官報告示の日から1か月以内〔**注1**〕に，帰化後に称する氏名及び本籍を定めて（大正14・1・28民事34号回答ほか），所在地又は新本籍地の市区町村長に帰化の届出をすべきものとされており

（戸102条の２・25条・112条），また，届出に当たっては，帰化により日本国籍を取得したことを証する書面及び帰化前の身分事項を証すべき書面を添付すべきものとされています（戸102条の２・102条２項，戸規58条の３）。そして，実際には，帰化許可の際に法務局又は地方法務局の長から「帰化者の身分証明書」（以下単に「身分証明書」という。）が交付されるので，その書面を添付して届出を行います〔注２〕。この身分証明書は，戸籍法第38条第２項に規定する許可書の謄本に代わるべきものであるとともに，帰化者について新たに戸籍に記載すべき事項（氏名，生年月日，実（養）父母の氏名及び実（養）父母との続柄―戸13条）のほか，帰化前の身分に関する事項（出生，認知，養子縁組，婚姻等に関する事項―戸102条の２・102条，戸規58条の３）を明らかにするために発行されるものです（昭和30・１・18民事甲76号通達，昭和30・２・26民事甲379号回答ほか）。しかも，上記の身分関係事項については，法務局又は地方法務局において帰化事件の処理に際し，帰化者の本国官憲が発行した証明書等に基づいて認定された結果によるものであるため，市区町村長としては，前記の身分証明書に基づき，帰化届書の記載事項の審査ないし戸籍の記載処理を行えば足ります（改訂Ⅷ第４編第２章の問84（270頁）参照）。

２　設問の場合の処理

（1）　帰化前の身分事項と重要身分事項の移記との関係

　帰化の届出に際し届書に記載すべき事項は，一般的記載事項（戸29条）のほか，帰化届に特有の事項として，戸籍法第102条の２に定める事項とされていますが，これらの事項のうち，帰化者の帰化前の身分事項（通常は，前記１で述べた身分証明書に記載されている。）については，戸籍法施行規則第39条に定めるいわゆる，重要身分事項の移記とは異なる点に注意すべきです。すなわち，同条によれば，婚姻，縁組等による新戸籍又は入籍戸籍には，従前の戸籍に記載されていた認知又は養子縁組の事項は，認知された子又は養子について移記を要す

るものの，認知者又は養親については移記を要しないものとされています（同条1項2号・3号参照）。これに対し，帰化者の帰化前の身分事項の記載方については，帰化者が認知者又は養親である場合でも，認知又は養子縁組に関する事項の記載を要するとされています（「国籍法・戸籍法改正特集」民事月報―1984（昭和59年）―号外12頁）。これは，帰化者については，日本人として新たに戸籍の記載を要することとなるため，現在有している身分関係に関する事項は，可能な限り把握して，これを帰化後の戸籍に反映させる趣旨と解されます。認知者が子を認知したことや，養親が養子と縁組をしていることは，現在の身分関係事項です。日本人について新戸籍に記載しないのは，従前の戸籍に既に記載され，この点も，除籍謄本等によって公証することが可能であるからです。

(2) 届出事項の遺漏と追完

設問は，帰化者が，帰化を許可される前に日本人女の嫡出でない子を日本の方式により認知の届出（通則法34条，民781条，戸60条）をしていたにもかかわらず，帰化届書及び添付の身分証明書にその記載を遺漏していたため，帰化届によって編製された戸籍にもその認知に関する事項が遺漏したものと考えられます。この場合，当該認知に関する事項は，前記(1)の趣旨により，帰化者の戸籍に当然記載されるべきであることは明らかです。そして，その戸籍記載の遺漏は，帰化届書の記載の遺漏に起因するものであり，戸籍法第45条の適用があるといえるので，届出義務者（帰化者）からの追完の届出によって戸籍の記載をします。

(3) 戸籍の処理

設問については，前記(2)の趣旨により，帰化者本人から，先にされた帰化の届出に対し追完の届出をしてもらうよう指導すべきです。

追完届には，①追完の事由として「帰化許可の告示前に日本人乙野梅子の子義男を認知の届出をしていたため」，②追完事項として「令

和２年４月13日東京都千代田区長に同区神田小川町１丁目２番地乙野梅子同籍義男を認知の届出」と記載した上，認知の成立を証する書面として，東京都千代田区長から交付を受けた「認知届受理証明書」又は被認知者の戸籍の全部事項証明書等を添付することが必要です〔注３〕。なお，法務局長等が交付する「帰化者の身分証明書」は上記のような性質を有するので，本来どおりの認知の成立を証する書面の添付があれば十分であり，認知事項を追記した身分証明書の添付は不要です。

　戸籍の記載は，次の例によって行います。

◎　コンピュータシステムによる証明書記載例

認　　知	【認知日】令和２年４月１３日 【認知した子の氏名】乙野義男 【認知した子の戸籍】東京都千代田区神田小川町一丁目２番地　乙野梅子 【受理者】東京都千代田区長 【特記事項】令和３年１０月２５日東京都千代田区長に追完届出

〔注１〕　戸籍の実務では，法務局又は地方法務局の長から「帰化者の身分証明書」の交付を受けた日から届出期間を起算して差し支えないとされています。

〔注２〕　帰化者の帰化前の身分事項を証する書面については，帰化者の身分証明書にそれらの事項が記載されているときは，その事項については添付を要しないとされています（昭和59・11・１民二5500号通達第３の１⑷参照）。

〔注３〕　なお，本文で説明した追完の届出のみでは，認知された日本人子の身分事項欄や父欄の父の氏名等が変更されないので，別途，参考記載例189の振合いで更正することが必要です。

問24　日本人夫Ａと別居中の韓国人妻が出産した子について，出生届未済の間に夫婦の離婚の届出後に前夫Ａとの親子関係不存在確認の裁判を得て，母から嫡出でない子の出生届出が，また，日本人男Ｂから認知届出がされた後，日本国籍存在確認の裁判が確定した場合において，母から先の出生届出に対し，また，Ｂ男からは認知の届出に対し，それぞれ子を日本人とする追完届がされたときは，どのように処理すべきですか。

答　各追完の届出を受理した上，これに基づき子について新戸籍を編製し，その戸籍に出生事項，認知事項及び追完事項等所要の事項を記載すべきものと考えます。

　　日本人父の戸籍の身分事項欄に記載の認知事項については，各追完届を資料として，便宜，戸籍法第24条第2項の戸籍訂正手続により被認知者の表示を訂正します。

【解　説】

1　出生による日本国籍の取得

　現行国籍法（昭和25年法律147号・最近改正平成30・6・20法律59号）は，出生による日本国籍の取得につき父母両系血統主義を採用し，子が生来的に日本国籍を取得する要件として，「出生の時に父又は母が日本国民であるとき」と定めています（国2条1号）。この場合における親子関係は，法律上の親子関係を指します。したがって，例えば，父母のいずれか一方が外国人で他方が日本人である場合の子が，国籍法第2条第1号により，生来的に日本国籍を取得するためには，子の出生時に日本人である父又は母と法律上の親子関係が存在する場合，すなわち，①日本人である父の嫡出子，②日本人である母の嫡出子又

は嫡出でない子，③日本人である父が胎児認知した嫡出でない子の場合ということになります（なお，血統主義に基づく国籍取得の前提要件としての父又は母を確定すべき法の適用問題（先決問題）については，改訂Ⅷ第4編第1章の問55（177頁）を参照願います。）。

2　日本人が認知した外国人子の国籍

(1)　身分行為と国籍取得

　旧国籍法（明治32年法律66号・昭和25年法律147号により昭和25年7月1日廃止）の施行当時においては，身分行為に基づく日本国籍の取得を認めていたため，例えば，外国人女性が日本人男性の妻となったとき，あるいは外国人の子が日本人父から認知されたとき等の場合には，日本国籍を取得するものとされていました（旧国5条・6条参照）。しかし，現行国籍法は，こうした身分行為に基づく日本国籍の取得を認めていません（改訂Ⅷ第4編第1章の問57（187頁）参照）。したがって，現行国籍法の下では，外国人女の嫡出でない子を日本人父が認知しても，そのことのみによっては，当該子は日本国籍を取得することはありません。すなわち，認知の効力は，出生の時にさかのぼることとされています（民784条）が，それは親族法上の効果であって，国籍法上は専ら出生の時点を基準として法律上の父の有無を決定することとされています。つまり，生来的な日本国籍の取得に関しては，認知の遡及効は認められないとするのが通説・判例であり，行政解釈でもあります〔注〕。

(2)　生後認知と国籍取得

　現行国籍法は，同法の定める一定の要件を満たす場合には，届出によって当然に日本国籍を取得できるものとする，いわゆる届出による国籍取得の制度を設けています（国3条・17条）。これにより，日本人父に認知された外国人の子は，国籍法第3条第1項の要件を満たす場合には，法務大臣に届け出ることにより，日本国籍を取得することができることとなります（詳細については，改訂Ⅷ第4編第2章の問75

（240頁）を参照願います。）。

3 設問の事例と戸籍の処理

(1) 設問の事例と判例

　設問は，日本人A男と婚姻後別居中の韓国人母が出生した他の日本人B男との間の子について，夫婦の離婚後にA男との親子関係不存在確認の裁判を得た上，母から嫡出でない子の出生届出が，また，B男から認知の届出がされた後，当該子につき日本国籍確認の確定判決を得て，先の出生及び認知の各届出に対する追完の届出がされた場合の戸籍の処理方法等を問う問題です。

　ところで，本問の事例のように，日本人男と婚姻関係にある外国人母が，同男と事実上離婚別居中に他の日本人男との間に子を出生した場合，その子は，戸籍の記載上母の夫の嫡出子と推定されることになるため，事実上の日本人父が胎児認知の届出をしたとしても，その届出は不適法なものとして受理されないことになります。しかし，判例は，上記の場合において，戸籍の記載上嫡出の推定がされなければ，日本人父により胎児認知がされたであろうと認めるべき特段の事情があるときは，胎児認知がされた場合に準じて，国籍法第2条第1号の適用を認め，子は生来的に日本国籍を取得すると解するのが相当であるとしています（最判平成9・10・17-民集51巻9号3925頁。なお，同判決にいう「特段の事情がある場合」の要件及びその認定に伴う戸籍事務の取扱い等の詳細については，改訂Ⅳ第2編第8章の問48（358頁），第9章問63（411頁）を参照願います。）。

(2) 戸籍の処理

　設問の事例については，事件本人である子について，前記(1)に掲記の判例と同趣旨により，日本国籍を確認する判決が確定していること，したがって，当該子は生来的に日本国籍を取得しているものと解されること（言い換えれば，実質的には胎児認知の届出があった場合と同視し得ること。）から，出生の当初から日本人であった者として戸籍の記

載処理を行うことが可能となります。

　そこで，先に韓国人母からされた出生の届出及び日本人父からされた認知の届出は，いずれも外国人に関する届出としてされたものであり，各届書の内容に不備があることになるので，これを是正するため，各届書につきされた当該子を日本人とする旨の追完の届出は，いずれもこれを受理し，所要の戸籍記載等の処理を行います（平成10・1・16民二94号回答）。すなわち，当該子については，前記のとおり，生来の日本人として取り扱うことになるところ，韓国人母の嫡出でない子である（したがって，日本人父の氏を称してその戸籍に入籍することはできない。）ため，新たに氏及び本籍を定めて新戸籍を編製することになります（戸22条，昭和29・3・18民事甲611号回答）。戸籍に記載すべき事項は，それが出生・認知の各届出及びこれに対する各追完の届出に基づいてされることから，出生事項とその追完事項及び認知事項とその追完事項であり，さらに出生事項中には，母の前夫との親子関係不存在確認の裁判確定の旨及び日本国籍確認の裁判確定の旨を特記事項として記録する（参考記載例12参照）ことを要します（昭和48・10・17民二7884号回答，昭和54・8・21民二4391号通達，平成10・1・16民二94号回答，改訂Ⅳ第2編第9章の問66（421頁）参照）。

　日本人父の戸籍の身分事項欄に記載されている認知事項については，各追完届及びその添付書類により，被認知者の表示が結果的に誤りとなったことが明らかであるので，各追完届を資料として，便宜，戸籍法第24条第2項の規定による戸籍訂正の手続により被認知者の表示を訂正します（上記の平成10年民二94号回答参照）。

　上記の場合における追完届等の書式例及び戸籍記載例は，後掲の(1)ないし(5)のとおりです。

　　〔注〕　国籍法上において認知の遡及効を否定する実質的理由は，国籍の
　　　　　浮動性防止にあり，仮に遡及効を認めると，嫡出でない子の国籍は

父の認知があるまで確定できなくなり，国家にとっても，本人にとっても好ましくないという点にあります。

　なお，日本国籍の生来的取得の要件について付言してみますと，国籍法第2条第1号にいう「父」とは，あくまで子の出生の時点における法律上の日本人父を指します。

　したがって，日本人父と外国人母間の婚外子が，出生の時に父を有するのは，子の出生前に日本人父から胎児認知がされている場合に限られます。

(1) 出生届出に対する追完届書

追 完 届

東京都千代田 ^{市 ⊗}
_{町 村} 長 殿

　　令和 5 年 5 月 7 日届出

		受附	令和 5 年 5 月 7 日	第 1236 号

書類調査 戸籍記載 記載調査附 票 住 民 票 通 知

(一)	追完を要する届出事件	種　　　類	出生届	届出の年月日	令和 5 年 3 月 4 日	基本届出事件の受付年月日及び受付番号　令和 5 年 3 月 4 日　第 798 号
(二)		届　出　人	金　芳子			
(三)		事件本人	本　　籍	国籍　韓国		
			筆頭者氏名			
(四)			住所及び世帯主氏名	東京都千代田区平河町3丁目4番5号　金芳子		
(五)			氏　　名	金　明夫		
			生年月日	令和 5 年 1 月 12日		

(六)	追 完 の 事 由	事件本人について、令和5年5月1日日本国籍確認の裁判が確定したため。
(七)	追 完 す る 事 項	次のとおり追完する。 1　(1)欄の子の氏「金」を「甲野」と訂正する。 2　(4)欄の世帯主の氏名「金芳子」を「甲野正義」と訂正する。 3　(6)欄の「国籍韓国」を「母の国籍韓国」と訂正する。 4　その他欄に「令和5年5月1日日本国籍確認の裁判確定により子の氏を『甲野』と定め、『東京都千代田区平河町3丁目16番地』に新戸籍を編製する。」と記載する。
(八)	添 付 書 類	日本国籍確認の裁判の謄本及び確定証明書、出生届書記載事項証明書

(九)	届出人	本　　籍	国籍　韓国
		筆 頭 者 氏 名	
		住　　所	東京都千代田区平河町3丁目4番5号
		届出人の資格及び署名（※押印は任意）	母　金　芳子　㊞
		生 年 月 日	西暦1995年　7 月 6 日

(2) 認知届出に対する追完届書

追 完 届

東京都千代田 <del>市</del>⊠<del>町村</del>長 殿

令和 5 年 5 月 7 日届出

受附	令和 5 年 5 月 7 日	第 1237 号
	書類調査 戸籍記載 記載調査 附 票 住 民 票 通 知	

(一)		種　　類	認知届	届出の年月日	令和 5 年 3 月 8 日	基本届出事件の受付年月日及び受付番号	令和 5 年 3 月 8 日
(二)	追完を要する届出事件	届　出　人	甲　野　正　義			第　　823　　号
(三)		事件本人	本　　籍	東京都文京区千石3丁目6番地	国籍　韓国
			筆頭者氏名	甲　野　正　義	
(四)			住所及び世帯主氏名	東京都千代田区平河町3丁目4番5号　甲野正義	東京都千代田区平河町3丁目4番5号　金芳子
(五)			氏　　名	(認知者) 甲野正義	(被認知者) 金明夫
			生年月日	平成 2 年 6 月 5 日	西暦2023 年 1 月 12 日

(六)	追　完　の　事　由	事件本人について、令和5年5月1日日本国籍確認の裁判が確定したため。

(七)	追　完　す　る　事　項	次のとおり追完する。 　1　被認知者の氏「金」を「甲野」と訂正する。 　2　被認知者の世帯主の氏名「金芳子」を「甲野正義」と訂正する。 　3　被認知者の本籍及び筆頭者の氏名につき「国籍韓国」を「東京都千代田区平河町3丁目16番地甲野明夫」と訂正する。

(八)	添　付　書　類	日本国籍確認の裁判の謄本及び確定証明書、認知届書記載事項証明書

(九)	届出人	本　　籍	東京都文京区千石3丁目6番地
		筆頭者氏名	甲　野　正　義
		住　　所	東京都千代田区平河町3丁目4番5号
		届出人の資格及び署名 (※押印は任意)	父　甲　野　正　義　㊞
		生年月日	平成 2 年 6 月 5 日

⑶ 〔コンピュータシステムによる証明書記載例〕 子の新戸籍

本　　籍	東京都千代田区平河町三丁目１６番地
氏　　名	甲野　明夫

戸籍事項　戸籍編製	【編製日】令和５年５月７日

戸籍に記録されている者	【名】明夫 【生年月日】令和５年１月１２日 【父】甲野正義 【母】金芳子 【続柄】長男

身分事項 出　　生	【出生日】令和５年１月１２日 【出生地】東京都千代田区 【母の国籍】韓国 【母の生年月日】西暦１９９５年７月６日 【届出日】令和５年３月４日 【届出人】母 【入籍日】令和５年５月７日 【特記事項】令和５年２月２日乙原夏夫との親子関係不存在確認の裁判確定及び令和５年５月１日国籍確認の裁判確定，令和５年５月７日母追完届出
認　　知	【認知日】令和５年３月８日 【認知者氏名】甲野正義 【認知者の戸籍】東京都文京区千石三丁目６番地　甲野正義 【特記事項】令和５年５月７日父追完届出
	以下余白

発行番号

(4) 戸籍訂正許可申請書

戸 籍 <del>記載</del>訂正許可申請	受	令和 5 年 5 月 17 日	戸 籍
	付	第 1321 号	調査

東 京 法務局長	戸発第 432 号 令和 5 年 5 月 13 日 申請	記載
甲 山 司 郎 殿	東京都文京区長 文京太郎 [職印]	記載調査

		本 籍	東京都文京区千石3丁目6番地	送付通知
(一)	事	筆頭者氏名	甲 野 正 義	住民票
(二)	件 本	住所及び世帯主氏名	東京都千代田区平河町3丁目4番5号 甲野正義	記載
(三)	人	氏 名	甲 野 正 義	通知
		生 年 月 日	平成2年6月5日	附 票

(四)	訂正・記載の事由	上記事件本人の被認知者である金明夫は、令和5年5月1日日本国籍確認の裁判が確定し、氏を「甲野」と定め、東京都千代田区平河町3丁目16番地に新戸籍を編製したため。	記載 通知

(五)	訂正・記載の趣旨	上記事件本人の戸籍の身分事項欄に記載の認知事項中被認知者の表示は錯誤につき「東京都千代田区平河町3丁目16番地甲野明夫」と訂正する。

(六)	添付書類	甲野正義及び甲野明夫の戸籍の全部事項証明書、甲野明夫についての出生届書・同追完届書、認知届書・同追完届書の記載事項証明書

上記申請を許可する。 　　　　戸乙第 345 号

　令和 5 年 5 月 16 日

　　　　東 京 法務局長 　甲 山 司 郎 [職印]

⑸ 〔コンピュータシステムによる証明書記載例〕 父の戸籍

全 部 事 項 証 明

本　　籍	東京都文京区千石三丁目6番地
氏　　名	甲野　正義

戸籍事項 　　戸籍編製	（編製事項省略）
戸籍に記録されている者	【名】正義 【生年月日】平成2年6月5日 【父】甲野義太郎 【母】甲野梅子 【続柄】二男
身分事項 　　出　　生	（出生事項省略）
認　　知	【認知日】令和5年3月8日 【認知した子の氏名】甲野明夫 【認知した子の戸籍】東京都千代田区平河町三丁目16番地 　　甲野明夫 【送付を受けた日】令和5年3月11日 【受理者】東京都千代田区長
訂　　正	【訂正日】令和5年5月17日 【訂正事由】錯誤 【許可日】令和5年5月16日 【従前の記録】 　　【認知した子の氏名】金明夫 　　【認知した子の国籍】韓国 　　【認知した子の生年月日】西暦2023年1月12日 　　【認知した子の母の氏名】金芳子 【記録の内容】 　　【認知した子の戸籍】東京都千代田区平河町三丁目16番 　　地　甲野明夫
	以下余白

発行番号

第4章　養子縁組届に関するもの

> **問25　日本人夫婦が6歳未満の中国人女を中国方式により養子とする縁組が成立し，日本人養父母の戸籍に普通養子縁組として記載された後，これを特別養子縁組とする追完届出がされた場合，どのように処理すべきですか。**

答　設問の縁組については，わが国においては，普通養子縁組が成立したものと評価すべきであって，特別養子縁組の要件である裁判所の決定等を欠き，その要件を満たさないため，特別養子縁組が成立したものとは，評価することができません。したがって，設問の追完届出は受理すべきではありません。

【解 説】

1　養子縁組の準拠法

通則法第31条第1項は，養子縁組の実質的成立要件については，養親の本国法を準拠法とし，なお，養子の本国法上の保護要件を満たすべきことを定めるとともに，特別養子縁組をはじめとする断絶型の養子縁組に関しては，同条第2項に「養子とその実方の血族との親族関係の終了……は，前条前段の規定により適用すべき法による。」と規定し，養子とその実方の血族との親族関係の終了に関する準拠法を養親の本国法と定めています。また，その形式的成立要件の準拠法は，通則法第34条において，当該法律行為の成立の準拠法又は行為地法のいずれでもよいとされています。

そして，外国で成立した養子縁組については，通則法に定める準拠法上の要件を満たす場合に，わが国でその効力を認めています。

設問では，日本人夫婦が養親ですから，養子縁組の実質的成立要件の準拠法は日本法となります。民法では，特別養子縁組は，試験期間を経た上で，家庭裁判所の決定により成立します（民817条の２）。この決定は，形式的成立要件のみならず，実質的にも家庭裁判所による後見的見地からの縁組の可否の判断も含んでいると考えられ，単なる手続的なものにとどまらず裁判所の実質的判断を要するとするものであり，その要否は実質的成立要件の準拠法によるべきであると考えられています。

2　準拠法要件の具備の有無

　設問では，中国の方式によったとありますから，中国法における縁組成立のための手続等をみますと，次のとおりです。

　中国の養子法によれば，養子縁組は，縁組当事者が養子縁組の取決めの締結を行って，人民政府民政部門で登記することが要件となっていますが（中国民法典1105条１項・３項），人民法院の許可や決定の裁判を要しません。いわゆる決定型ではなく，契約型です。

　次に，中国の養子法では，養子と実父母及びその親族との間の権利義務関係は，養子縁組の成立によって消滅する，いわゆる断絶型の養子法制が採られています（中国民法典1111条２項）。そして，わが国のように，普通養子縁組との二本立てではなく，断絶型の養子法制のみが存在するにとどまります。そこで，設問の養子縁組については，中国では，断絶型の養子縁組として成立させていることは明らかです。このことから，この養子縁組がわが国において，特別養子縁組としての効力があるかどうかが問題となるのです。

　ところで，前記のとおり，外国で成立した養子縁組については，通則法に定める準拠法上の要件を満たす場合に，わが国でその効力を認めています。そして，わが国の民法は，特別養子縁組の成立のためには，家庭裁判所の審判（外国でなされる場合は，これを代行する外国裁判所の裁判）の存在を要件としています。しかしながら，上記のとお

り，中国では，人民法院の許可や決定の裁判を要することなく養子縁組が成立しますから，設問の養子縁組は，上記裁判所の裁判の存在を要するとの要件を満たしていません。このため，わが国では特別養子縁組が成立したものとみることができません。なお，わが国の立場でも，民法に定める普通養子縁組の要件を満たしている以上，普通養子縁組としては，有効に成立しています。このように解すれば，養子縁組を成立させた中国では，実親子関係は終了しているのに，わが国ではこれが終了していないものとなり，齟齬を来すことになりますが，各国の法制度が異なることや，外国でなされた身分行為についても通則法を適用してその効力を判断する以上，やむを得ないものです。

なお，外国において，養子縁組の成立のためには，裁判所による養子決定や行政官庁による養子決定が必要であり，かつ，当該決定の確定により縁組が成立するときは，家事事件手続法第79条の2の規定に基づく外国裁判等の承認の問題として取り扱われ，この場合は，準拠法による審査はなく，当該養子決定が断絶型のものである場合は，そのような効力のある養子決定として我が国で承認されます。

3　追完届出の受否

上記のとおりですから，設問の養子縁組については，中国において断絶型の養子縁組として成立させたとしても，わが国においては，普通養子縁組が成立したもとの評価すべきであって，特別養子縁組の要件である裁判所の決定等を欠き，その要件を満たさないため，特別養子縁組が成立したものとは，評価することができません。したがって，設問の追完届出は受理すべきではありません（平成8・5・28民二995号回答参照）。

> **問26　日本人父母離婚の際に親権者を父と定められた15歳未満の子が，母の再婚後の韓国人夫の養子となる縁組をする場合において，母を代諾者とする届出が誤って受理され，戸籍の記載がされている場合，父を代諾者とする追完をすることができますか。**

答　　正当代諾権者である父から，当該縁組につき代諾する旨の追完の届出をすることができます。

【解　説】

1　渉外養子縁組における養子の保護要件

　養子縁組の実質的成立要件の準拠法について，通則法第31条第1項は，その前段において縁組当時の養親の本国法によると定めて，養親の本国法主義を採用しています。そして，同項後段において，養子の本国法が，養子縁組の成立について，養子若しくは第三者の承諾若しくは同意又は公の機関の許可その他の処分を要件とするときは，その要件をも具備することを要すると定めて，この要件については，実質的成立要件の準拠法である養親の本国法と養子の本国法との累積的適用を認めて，養子の保護を図っています。

2　設問の縁組における養子の保護要件

　設問は，韓国人夫と日本人妻の連れ子（前夫との間に出生した15歳未満の嫡出子）が養子縁組をした事例ですが，既に養子縁組の届出が受理され，子の身分事項欄に縁組事項が記載されているので，養親の本国法である韓国民法の要件を満たしているということができます。さらに，この場合，当該子については，その本国法である日本民法の定める子の保護要件を具備していることを要することは明らかです。すなわち，日本民法では，15歳未満の者が養子となるときは，その者の

意思能力の有無には関わりなく，常にその法定代理人が本人に代わって縁組の承諾（代諾）をすべきものとされています（民797条1項）。そこで，父母が共同して親権を行使しているときは，代諾もまた父母が共同して行うべきであり（民818条3項），父母が離婚して，その一方を親権者と定めているときは，親権者と定められた父又は母が代諾をすべきこととなります（民819条1項・2項）。

　設問の縁組については，上記の後者の場合に該当するため，本来，父母離婚の際に親権者と定められた父が代諾するべきであるところ，代諾権を有しない母を代諾者とする届出が誤って受理され，かつ，戸籍の記載がされたというものです，このような場合，当該養子縁組は，本来，縁組意思を欠くものとして無効と解されています（大判大正13・2・13-法律新聞2243号19頁，大判昭和11・11・18-同新聞4079号14頁）。

3　設問の追完届の受否

　渉外養子縁組における養子の保護要件については，前記1のとおり，養親の本国法と養子の本国法が累積的に適用されるため，保護要件に関して無効又は取消事由がある場合においても，当該養子縁組は，無効又は取消し得るものとなります。例えば，養子その他の者の承諾や同意を欠く場合において，養親の本国法はこれを取消事由とし，養子の本国法はこれを無効事由とするときは，より厳重な効果を認める方の法の適用により，当該縁組は無効となります（改訂Ⅴ第4章の問78（219頁）参照）。設問の縁組についても，この場合に該当することとなります。しかし，戸籍の先例は，15歳未満の者が養子となる縁組について，代諾権を有しない者によってされた届出が受理され，戸籍に記載された場合でも，後日，正当な代諾権者からの代諾する旨の追完の届出を認めています。そして，その追完によって縁組は当初から有効になるものと解しています（昭和32・3・4民事甲417号回答）。このことから，設問については，正当代諾権者である父から，当該縁組につき代諾する旨の追完届出をすることができると解されます〔注〕。

なお，追完届出がされたときは，これを受理した上，養子の戸籍の縁組事項に続けて届出人（すなわち正当代諾権者である父）の表示を補記することとなります。この場合の戸籍の処理例を示せば，後掲の(1)・(2)のとおりです。

〔注〕　15歳未満の者が養子となる縁組において，代諾権を有しない者が代諾者として届出をしている事例は，設問のような事例のほかにもみられます。例えば，①未成年者である母が，その嫡出でない子の縁組につき代諾した場合，②虚偽の出生届により戸籍上父母とされている者が，その子の縁組につき代諾した場合，③未成年後見人が未成年被後見人を養子とする縁組につき代諾した場合などが考えられます。そして，これらの場合には，15歳に達した養子本人はもちろん，正当代諾権者からの追認的追完の届出が認められているところです（①について昭和25・9・12民事甲2467号通達，②について最判昭和27・10・3民集6巻9号753頁，昭和30・8・1民事甲1602号通達，昭和34・4・8民事甲624号通達，③について昭和33・4・23民事二発204号回答参照）。

(1) 追完届書

追 完 届

東京都千代田 市 ⊠
町 村 長 殿

令和 5 年 5 月 10 日届出

<table>
<tr><td colspan="2" rowspan="2">受付</td><td colspan="4">令和 5 年 5 月 10 日</td><td colspan="2">第 654 号</td></tr>
<tr><td>書類調査</td><td>戸籍記載</td><td>記載調査</td><td>附</td><td>票住民票</td><td>通 知</td></tr>
</table>

<table>
<tr>
<td rowspan="5">(一)

追完を要する届出事件</td>
<td>種　　　類</td>
<td colspan="2">養子縁組届</td>
<td>届出の
年月日</td>
<td colspan="2">令和 5 年 3 月 26 日</td>
<td>基本届出事件
の受付年月日
及び受付番号</td>
<td>令和 5 年 3 月 26 日</td>
</tr>
<tr>
<td>(二)　届　出　人</td>
<td colspan="5">金正一　乙野梅子</td>
<td></td>
<td>第　　333　　号</td>
</tr>
<tr>
<td rowspan="2">(三)</td>
<td rowspan="4">事件本人</td>
<td>本　　籍</td>
<td colspan="3">国籍　韓国</td>
<td colspan="2">東京都千代田区平河町１丁目
４番地</td>
</tr>
<tr>
<td>筆頭者氏名</td>
<td colspan="3"></td>
<td colspan="2">乙　野　梅　子</td>
</tr>
<tr>
<td>(四)</td>
<td>住所及び
世帯主氏名</td>
<td colspan="5">東京都千代田区平河町１丁目５番12号　乙野梅子</td>
</tr>
<tr>
<td rowspan="2">(五)</td>
<td>氏　　名</td>
<td colspan="3">（養父）金正一</td>
<td colspan="2">（養子）乙野啓太郎</td>
</tr>
<tr>
<td></td>
<td>生 年 月 日</td>
<td colspan="3">西暦1988年 10 月 20 日</td>
<td colspan="2">平成 29 年 3 月 15 日</td>
</tr>
</table>

<table>
<tr>
<td>(六)

追 完 の 事 由</td>
<td>　　上記の養子縁組届について、届出事件本人乙野啓太郎の縁組代諾者は、親権者である父甲野義太郎であるところ、母乙野梅子が代諾者として届け出たのは誤りであるため、下記(七)欄のとおり追完する。</td>
</tr>
<tr>
<td>(七)

追 完 す る 事 項</td>
<td>　　上記の養子縁組届について、養子乙野啓太郎は15歳未満につき縁組代諾者
　　住　　　所　　東京都大田区山王５丁目８番３号
　　戸籍の表示　　横浜市西区幸町３番地　甲野義太郎
　　　　　　　　親権を行う父　甲野義太郎　昭和
　　　　　　　　61年２月25日生
が代諾することを追完する。</td>
</tr>
<tr>
<td>(八)
添　付　書　類</td>
<td>甲野義太郎の戸籍謄本（又は全部事項証明書）</td>
</tr>
</table>

<table>
<tr>
<td rowspan="5">(九)

届出人</td>
<td>本　　籍</td>
<td>横浜市西区幸町３番地</td>
</tr>
<tr>
<td>筆頭者氏名</td>
<td>甲　野　義太郎</td>
</tr>
<tr>
<td>住　　所</td>
<td>東京都大田区山王５丁目８番３号</td>
</tr>
<tr>
<td>届出人の資格
及び署名
（※押印は任意）</td>
<td>親権者父　甲　野　義太郎　㊞</td>
</tr>
<tr>
<td>生 年 月 日</td>
<td>昭和 61 年 2 月 25 日</td>
</tr>
</table>

⑵ 〔コンピュータシステムによる証明書記載例〕　母の戸籍

　全 部 事 項 証 明

本　　　籍	東京都千代田区平河町一丁目4番地
氏　　　名	乙野　梅子

戸籍事項 　戸籍編製	（編製事項省略）
戸籍に記録されている者	【名】梅子 【生年月日】平成2年8月8日　　　　　　【配偶者区分】妻 【父】乙野一郎 【母】乙野松子 【続柄】二女
身分事項 　出　　　生 　離　　　婚 　婚　　　姻	（出生事項省略） （離婚事項省略） （婚姻事項省略）
戸籍に記録されている者	【名】啓太郎 【生年月日】平成29年3月15日 【父】甲野義太郎 【母】乙野梅子 【続柄】長男 【養父】金正一 【続柄】養子
身分事項 　出　　　生 　親　　　権 　入　　　籍 　養子縁組 　追　　　完	（出生事項省略） 【親権を定めた日】令和3年1月30日 【親権者】父 【届出人】父母 （入籍事項省略） 【縁組日】令和5年3月26日 【養父氏名】金正一 【養父の国籍】韓国 【養父の生年月日】西暦1988年10月20日 【代諾者】親権者母 【縁組追完日】令和5年5月10日 【追完届出人】親権者父 【追完日】令和5年5月10日 【追完の内容】代諾者親権者父が縁組届出

発行番号

親　　権	【届出人】親権者父 【記録の内容】 　【縁組追完日】令和5年5月10日 　【追完届出人】親権者父 --- 【共同親権に服した日】令和5年3月26日 【親権者】養父及び母 【記録日】令和5年3月26日 【特記事項】金正一との養子縁組による養父と母の共同親権

以下余白

発行番号

第5章　婚姻届に関するもの

> **問27**　日本人同士の婚姻届により戸籍の記載がされた後，戸籍の筆頭に記載された夫は，婚姻の届出前に外国国籍の取得により日本国籍を喪失していたことが判明した場合，どのように処理すべきですか。

答　先の婚姻届について，夫を外国人とする旨の追完の届出があれば，これに基づき妻について単独の新戸籍を編製することができます。この場合，夫婦について編製された戸籍及び夫・妻の婚姻前の戸籍の関係記載事項については，別途，戸籍法第24条第2項の戸籍訂正手続により訂正します。その具体的訂正処理の方法等は，解説のとおりです。

　なお，戸籍法第113条に定める戸籍訂正の許可審判があれば，1回の手続のみで関係戸籍の整序をすべて行うことができます。

【解説】

1　設問の事例

　設問は，日本人男女の婚姻の届出を受理し，戸籍の編製・記載がされたところ，戸籍の筆頭に記載された夫は，その婚姻の届出前に外国の国籍を取得したことにより，既に日本国籍を喪失していた場合の関係戸籍の是正処理を問うものです。

　日本人は，自己の志望によって外国の国籍を取得したときは，当然に日本国籍を喪失します（国11条1項）。これは，国籍の積極的抵触を防止しようとするためのものです。ちなみに，ここに自己の志望による外国国籍の取得とは，自らの意思によって外国に帰化し，あるい

は外国の市民権を取得するなどの場合であり，自己の意思とは関係なく，一定の事実によって法律上当然の効果として国籍が付与される場合（例・外国人との婚姻，縁組あるいは外国人からの認知により外国国籍を取得する場合）は，日本国籍喪失の原因とはされていません（改訂Ⅷ第4編第3章の問92（293頁），問94（299頁）参照）。

　ところで，日本の国籍を喪失した者については，従来の戸籍から速やかに除籍する必要があるため，戸籍法は，国籍喪失の届出（戸103条）又は国籍喪失の報告（戸105条）に基づいて，その者の戸籍に国籍喪失事項を記載して（戸規35条12号）除籍することとしていますが（戸23条），設問は，夫についてその記載がされる前（つまり，日本国籍の喪失後）に日本人として日本人女との婚姻届出をして受理され，戸籍の編製・記載がされたという事例です。

2　設問の場合の処理

(1)　追完の届出があった場合

　設問は，前述のとおり，婚姻の届出により編製された戸籍の筆頭者である夫が，その婚姻届出（この場合の夫婦の称する氏は，夫が筆頭者であることから，夫の氏とみられる。）の当時は既に日本国籍を喪失していたという場合です。したがって，当該婚姻については，本来，外国人と日本人間の婚姻として届出をすべきであったものであり，また，戸籍の編製・記載もその届出に即した処理がされるべきであったこととなります。そうすると，当該日本人妻については，外国人との婚姻であるため，戸籍の筆頭者でないとすれば，戸籍法第16条第3項の規定により新戸籍を編製すべきであるところ，これを遺漏していることとなるので，夫婦の双方から先の婚姻届出に対し，夫を外国人とする旨及び妻につき新戸籍を編製する旨の追完の届出があった場合は，これに基づき妻を筆頭者として単独の新戸籍を編製することができるものと解されます（昭和30・10・15民事甲2156号回答，「改訂設題解説戸籍実務の処理ⅩⅩⅠ追完編」問6（322頁）参照）〔**注1**〕。

一方，夫婦について編製された戸籍はこれを消除するほか，夫及び妻の婚姻前の戸籍の婚姻事項（法定記載例61・62参照）について訂正（すなわち，夫については同事項の消除，妻については外国人との婚姻による除籍事項（法定記載例75参照）に訂正）を要することとなりますが，これらの訂正については，戸籍法第24条第2項の戸籍訂正手続により訂正することが可能であると考えます〔注2〕。

　上記の場合における追完届の書式例及び戸籍記載例は，後掲の(1)・(2)のとおりです。

　(2)　戸籍訂正の許可審判があった場合

　追完の届出は，そもそも戸籍の記載前の段階における届書の不備を是正・補完するためのものであり，たとえ届書に不備があっても，戸籍の記載がされた以上は，戸籍訂正の手続によって是正するのが本則である（大正4・7・7民1008号回答）ことにかんがみれば，設問の場合，妻の新戸籍編製に関する訂正についても，他の事項の訂正と併せて戸籍法第113条に規定する戸籍訂正の手続によって処理することは何ら差し支えないと考えます（改訂Ⅷ第1編第6章の問49（265頁）参照。なお，この取扱いによるときは，関係戸籍の記載等の不備につき1回の手続のみで整序することが可能となります。

　もっとも，設問の場合は，(1)で説明した方法により戸籍の整序を図ることができ，このほうが簡便です。上記改訂Ⅷ第1編第6章の問49（265頁）の事例では，夫婦に子が出生していて，出生子に関する戸籍の整序が必要であり，これについては戸籍法第113条に規定する戸籍訂正の手続によるのが相当であったので，一括して同手続によることを示唆しました。

〔注1〕　この場合の追完は，基本の婚姻届出の不備により戸籍の記載の一部が遺漏している（すなわち，妻につき新戸籍編製の遺漏）ので，その部分を補完するためにする追完として許容されるものと解され

ます（大正4・1・9民1009号回答，大正4・6・24民634号回答参照）。

〔**注2**〕　この場合の戸籍訂正は，戸籍法の規定上からは，同法第113条の戸籍訂正手続によってすることになると考えられます（具体的処理は，「改訂設題解説戸籍実務の処理XXI追完編」327頁～330頁の記載例参照）が，関係戸籍の記載に錯誤があることは，上記の追完届及びこれに基づいて編製された妻の新戸籍の記載等から形式的に判断することができる（言い換えれば，その訂正に格別の法的判断を要しない。）ので，便宜，戸籍法第24条第2項の戸籍訂正手続により訂正して差し支えないと考えます（改訂Ⅲ第6章の問105（299頁），第7章問134（408頁）参照）。なお，妻が婚姻届出当時において戸籍の筆頭者であったときは，当該戸籍は婚姻の記載をして除籍となっていることから，追完の届出をする余地はなく，戸籍の是正はすべて戸籍訂正手続によってすることとなります。

(1) 婚姻に関する追完届書式例

<table>
<tr><td colspan="2" rowspan="2" style="text-align:center">追　完　届</td><td rowspan="2">受
附</td><td colspan="2">令和 5 年 11 月 15日</td><td>第 9788 号</td></tr>
<tr><td colspan="2">書類調査 戸籍記載 記載調査 附　票 住民票 通　知</td></tr>
</table>

東京都千代田区 <del>市</del>⊠<del>町村</del>長 殿

令和 5 年 11 月 15 日届出

(一)	追完を要する届出事件	種　　　類	婚姻届	届出の年月日 令和 4 年 6 月 3 日	基本届出事件の受付年月日及び受付番号 令和 4 年 6 月 3 日 第 5820 号
(二)		届　出　人	甲野武雄　乙川花子		
(三)		事件本人 本　　籍	東京都千代田区平河町1丁目4番地	京都市北区小山初音町18番地	
(四)		筆頭者氏名	甲　野　義太郎	乙　川　忠　雄	
		住所及び世帯主氏名	東京都千代田区平河町1丁目11番3号　甲野義太郎	東京都中央区築地4丁目4番6号　乙川花子	
(五)		氏　　　名	(夫) 甲　野　武　雄	(妻) 乙　川　花　子	
		生 年 月 日	平成 5 年 11 月 20 日	平成 9 年 4 月 6 日	

(六)	追 完 の 事 由	夫は令和3年6月11日アメリカ合衆国の国籍を取得したことにより日本国籍を喪失しているため、アメリカ合衆国人として届出をすべきところ、日本人として届出をしたのは誤りであるため。
(七)	追 完 す る 事 項	次の事項を追完する。 夫の氏名・生年月日　コウノ、タケオ　西暦1993年11月20日 夫の国籍　アメリカ合衆国 妻の新戸籍編製の場所　東京都千代田区平河町1丁目4番地
(八)	添 付 書 類	

<table>
<tr><td rowspan="5">(九)</td><td rowspan="5">届出人</td><td>本　　籍</td><td>国籍アメリカ合衆国</td><td rowspan="3">(三)、(四)に同じ</td></tr>
<tr><td>筆頭者氏名</td><td></td></tr>
<tr><td>住　　所</td><td>(四)に同じ</td></tr>
<tr><td>届出人の資格及び署名
(※押印は任意)</td><td>夫 コウノ、タケオ ㊞</td><td>妻 乙川花子 ㊞</td></tr>
<tr><td>生 年 月 日</td><td>西暦1993年 11 月 20 日</td><td>平成 9 年 4 月 6 日</td></tr>
</table>

(2) 〔コンピュータシステムによる証明書記載例〕　妻の新戸籍

　全部事項証明

本　　籍	東京都千代田区平河町一丁目4番地
氏　　名	乙川　花子
戸籍事項 　　戸籍編製	【編製日】令和5年11月15日
戸籍に記録されている者	【名】花子 【生年月日】平成9年4月6日　　　　　　　【配偶者区分】妻 【父】乙川忠雄 【母】乙川松子 【続柄】二女
身分事項 　　出　　生	（出生事項省略）
婚　　姻	【婚姻日】令和4年6月3日 【配偶者氏名】コウノ，タケオ 【配偶者の国籍】アメリカ合衆国 【配偶者の生年月日】西暦1993年11月20日 【入籍日】令和5年11月15日 【従前戸籍】京都市北区小山初音町18番地　乙川忠雄 【特記事項】令和5年11月15日追完届出
	以下余白

発行番号

※　妻は，追完の届出により改めて自己の新戸籍を編製し，その戸籍に入籍し
　たので，それを戸籍面上明らかにするため，婚姻事項に【入籍日】を記録し
　ます。

> **問28** 中国人親子がともに帰化し，その届出により子は親の
> 戸籍に入籍の記載がされた後，子から帰化前に中国にお
> いて中国人との婚姻が成立しているとして追完の届出が
> された場合，受理することができますか。

答　設問の追完の届出は，帰化の届出の不備（当該子につき中国
人との婚姻事項及び新戸籍編製の旨の記載遺漏）を是正補完する
ためにされたものと解し，これを受理することができると考え
ます。なお，当該子については，追完の届出に基づいて新戸籍
を編製する一方，親の戸籍に入籍したのは錯誤につき管轄法務
局長等の許可を得て，職権で親の戸籍から消除する戸籍訂正を
します。

【解 説】

1　帰化の届出と戸籍の編製

　外国人が日本国への帰化を許可されたときは，所定の期間内にその
所在地又は新本籍地の市区町村長に帰化の届出をしなければならず
（戸102条の2・25条・112条。なお，新本籍地への届出につき，昭和30・
12・5民事二発596号回答参照。），また，その届書には，法務局又は地
方法務局の長の発行する「帰化者の身分証明書」を添付すべきものと
されています（問23（205頁）参照）。

　帰化者については，帰化の届出に基づき新たに戸籍を編製（帰化後
に称する氏名や本籍は，原則として，本人が自由に定められる。）します
（戸22条）が，親子がともに帰化した場合は，子が特に親と異なる氏
又は本籍を定めない限り，子は親の戸籍に入籍します（民790条，戸18
条参照）。設問における親子は，その例により戸籍の編製・記載がさ
れたものといえます。

2　帰化者の戸籍に記載すべき事項

　帰化者が帰化の届出をする場合，その届書には，戸籍法第102条の
2（帰化の届出）において準用する第102条（国籍取得届）の第2項各
号に掲げる事項を記載することを要しますが，これらの事項のうち，
特に帰化者の帰化前の身分事項，すなわち，出生，認知，現に継続す
る養子縁組・婚姻・未成年者である者の親権又は後見及び推定相続人
の廃除に関する事項については，帰化後の本人の戸籍の身分事項欄に
記載しなければならない事項です（戸規58条の3第1項参照）。また，
これらの身分事項については，それを証すべき書面を添付すべきです
（同条2項）が，この場合，前記の帰化者の身分証明書がその書面に
該当するので（問23（205頁）），この身分証明書に記載されている身分
事項に関しては，更に証明資料を添付する必要はないとされています
（昭和59・11・1民二5500号通達第3の1⑷及び2⑴）。なお，帰化の届
出をする場合は，実務上，上記の身分証明書を必ず添付すべきものと
されているので，本籍地の市区町村長は，この証明書に基づいて戸籍
の記載をすれば足ります（改訂Ⅷ第4編第2章の問84（270頁）参照）。

3　設問の場合の処理

　設問は，親とともに帰化した子が，帰化前において，かつての本国
の方式により同国人と婚姻していたところ，帰化の届書にこれを遺漏
していたとして，追完の届出がされた場合の受否を問うものです。

　ところで，帰化者の帰化前の身分事項については，帰化者が，帰化
の許可申請をした法務局又は地方法務局（国規2条）にあらかじめ報
告すべきであるところ，設問の場合は，当該子が帰化前に成立してい
た同国人との婚姻に関する事項（正確には，戸籍法施行規則58条の3第
1項4号に掲げる「現に婚姻関係の継続する婚姻に関する事項」を指しま
す。）を報告しなかったため，帰化者の身分証明書及び帰化の届書に
その婚姻事項の記載がされなかったものです。このことから，当該子
については，一方において，本来，帰化の届出に基づき単独の新戸籍

を編製すべきである（戸16条3項）ところ，これを遺漏しており，また，他方において，親の戸籍への入籍は錯誤であったことになります。

　以上の点から，設問における追完の届出（当該子本人につき，中国人との婚姻の成立を証する書面を添付）は，帰化届出の上記の不備を是正補完するためにされたものと解し，これを受理することができると考えます。

　当該追完届を受理したときは，これに基づき当該子について新戸籍を編製します。一方，親の戸籍に記載されている当該子を消除することが必要ですが，それは戸籍訂正の問題であり，別途，戸籍訂正手続を要します。その手続は，事案の性質上，戸籍法第24条第2項の規定により管轄法務局長等の許可を得て，職権で消除することで差し支えないと考えます。設問における戸籍の処理例は，後掲の(1)ないし(4)のとおりです。

　なお，本事案では，帰化届により子は母の戸籍に入籍しているので，それを前提に婚姻による新戸籍を編製するほうが，母子間の関係がより鮮明になると考えられないわけではありません。しかし，帰化届により帰化者の身分関係を戸籍に登録するに当たっては，帰化の時点における身分関係を登録するものとなっているので，子については既婚であることを前提とした戸籍を新たに編製する必要があります。このために，本件では，追完の届出により，本来の戸籍記録のあり方どおりの記録としたものです。この点，次の問29で説明する残留孤児の場合は，母子ともに日本人であるので，子はまず母の戸籍に入籍し，その後，出生届の前に外国人として届け出ていた婚姻届に基づき新戸籍を編製するために追完の届出をするものであり，この場合は，出生届による母の戸籍への入籍は誤りではなかったので，そのこと自体に変更は加えていません。

(1) 追完届書

追　完　届

東京都千代田 市⓭区 町村 長　殿

令和 5 年 5 月 7 日届出

受附	令和 5 年 5 月 7 日	第 4200 号
書類調査・戸籍記載 記載調査附　票住民票通　知		

(一)	種　　　類	帰化届	届出の年月日 令和 5 年 4 月12日	基本届出事件の受付年月日 令和 5 年 4 月12日
(二)	届　出　人	甲 野 鉄 生		及び受付番号 第　3354　号
(三)	追完を要する届出事件 事件本人	本　　籍	東京都千代田区平河町 1 丁目 4 番地	
		筆頭者氏名	甲 野 太 郎	
(四)		住所及び世帯主氏名	東京都千代田区平河町 1 丁目 4 番10号　甲野鉄生	
(五)		氏　　名	甲 野 鉄 生 （従前の氏名　王鉄生）	
		生年月日	平成 10 年 2 月 20日	

(六)	追 完 の 事 由	事件本人は、帰化の告示前の令和5年3月2日に中国国籍の周清華と婚姻しているので、帰化の届出によって父母の戸籍に入籍したのは誤りであるため。
(七)	追 完 す る 事 項	事件本人の婚姻事項を次のとおり追完する。 1　婚姻の成立年月日　令和5年3月2日 2　婚姻の方式　　　　中国の方式 3　配偶者の氏名・国籍・出生年月日 　周　清華　中国　西暦2001年12月22日生 4　帰化後の新本籍　　東京都千代田区平河町1丁目4番地
(八)	添 付 書 類	婚姻証明書写し

(九)	届出人	本　　　籍	東京都千代田区平河町 1 丁目 4 番地
		筆頭者氏名	甲 野 太 郎
		住　　　所	東京都千代田区平河町 1 丁目 4 番10号　甲野鉄生
		届出人の資格及び署名（※押印は任意）	甲 野 鉄 生 ㊞
		生 年 月 日	平成 10 年 2 月 20日

(2) 戸籍訂正許可申請書

戸 籍 訂正・記載 許可申請		受 付	令和 5 年 5 月 15 日		戸　　籍
			第　　　4555　　号		調査

				記載	
東 京 法務局長 甲 山 司 郎 殿		戸発第 310 号 令和 5 年 5 月 7 日 申請 東京都千代田区長 千代田太郎 [職印]		記載 調査	

					送付 通知
(一)	事 件 本 人	本　　籍	東京都千代田区平河町1丁目4番地		
				住 民 票	
		筆頭者氏名	甲 野 太 郎		
				記載	
(二)		住 所 及 び 世帯主氏名	東京都千代田区平河町1丁目4番10号　甲野鉄生		
(三)		氏　　名	甲 野 鉄 生	通知	
		生年月日	平成 10 年 2 月 20 日	附　　票	

(四)	訂 正・記 載 の 事 由	上記事件本人は、令和5年4月3日父母とともに帰化し、帰化届により父母の戸籍に入籍したが、同人には、帰化の告示前に中国人周清華との婚姻が成立しているとして、婚姻事項及び帰化後の新本籍の場所について追完届がされ、新戸籍を編製したため。	記載
			通知

(五)	訂 正・記 載 の 趣 旨	上記の父母の戸籍に入籍している事件本人の記載を全部消除する。

(六)	添 付 書 類	追完届書謄本、婚姻証明書写し

上記申請を許可する。　　　　　　　　　　　戸乙第　550　号

　　令和 5 年 5 月 13 日

　　　　　　　東 京 法務局長　甲 山 司 郎 [職印]

(3) 〔コンピュータシステムによる証明書記載例〕　事件本人の新戸籍

（1の1） | 全 部 事 項 証 明

本　　　籍	東京都千代田区平河町一丁目4番地
氏　　　名	甲野　鉄生

戸籍事項 　戸籍編製	【編製日】令和5年5月7日

戸籍に記録されている者	【名】鉄生
	【生年月日】平成10年2月20日　　　【配偶者区分】夫 【父】甲野太郎 【母】甲野幸子 【続柄】長男

身分事項 　出　　　生	（出生事項省略）
婚　　　姻	【婚姻日】令和5年3月2日 【配偶者氏名】周清華 【配偶者の国籍】中国 【配偶者の生年月日】西暦2001年12月22日 【婚姻の方式】中国の方式
帰　　　化	【帰化日】令和5年4月3日 【届出日】令和5年4月12日 【帰化の際の国籍】中国 【従前の氏名】王鉄生 【特記事項】令和5年5月7日追完届出同日入籍
	以下余白

発行番号

※　帰化者自身の帰化事項に【入籍日】のインデックスがありませんので，【特
記事項】の一文に追完届出の日に入籍した旨を付加します。

⑷〔コンピュータシステムによる証明書記載例〕父母の戸籍

全 部 事 項 証 明

本　　籍	東京都千代田区平河町一丁目4番地
氏　　名	甲野　太郎

戸籍事項 　　戸籍編製	【編製日】令和5年4月12日

戸籍に記録されている者 **消　　除**	【名】鉄生 【生年月日】平成10年2月20日 【父】甲野太郎 【母】甲野幸子 【続柄】長男
身分事項 　　出　　生	（出生事項省略）
帰　　化	【帰化日】令和5年4月3日 【届出日】令和5年4月12日 【帰化の際の国籍】中国 【従前の氏名】王鉄生
消　　除	【消除日】令和5年5月15日 【消除事項】戸籍の記録全部 【消除事由】帰化による入籍の記録錯誤 【許可日】令和5年5月13日
	以下余白

発行番号

問29　中国残留日本人女の嫡出でない子（男）について出生
　　　の届出がなされ，管轄法務局長等の指示を得て，これを
　　　受理して戸籍の記載をした後，当該子については，出生
　　　の届出前に中国人女と同国人同士の創設的婚姻届が他市
　　　で受理されているとして追完の届出がなされた場合，ど
　　　のように処理すべきですか。

答　　設問の追完の届出は，夫婦の双方から，夫を日本人とする旨
　　　及び夫につき新戸籍を編製する旨の追完がされたものと解され
　　　るので，これを受理した上，夫について新戸籍を編製する等所
　　　要の処理をすべきものと考えます。

【解 説】

1　設問の事例

　設問は，中国残留日本人女の出生した子（男）について，同女（母）
から嫡出でない子としての出生の届出がされ，これを管轄法務局長等
の指示を得て受理し，戸籍の記載（すなわち，当該子につき母の戸籍へ
の入籍の記載）をしたが，当該子は，その出生届出がされる前に，自
己を中国人として中国人女との創設的婚姻の届出をして，これが非本
籍地の市長において受理されていることから，当該婚姻の届出につき
届出事件本人である「夫」を日本人とする旨の追完届出がされた場合
の戸籍の処理を問うものです。

2　中国残留日本人女性の子の出生届の取扱い

　中国残留日本人女性が，中国（本土）で出生した子について出生の
届出をした場合は，当該出生届の受否について管轄法務局長等に照会
し，その指示を待って処理するのが相当であると考えられます。それ
は，中国残留日本人女性については，日本の戸籍から除籍されていな

いとしても，その多くが，戦後の混乱期に中国（本土）で中国人男性と夫婦関係に入り，その間に子を出生している場合があること，また，帰国に際して中国政府発行の護照（旅券）又は渡航証明書（出入国管理及び難民認定法2条5号参照）を所持し，外国人として日本に帰国（入国）していること，このため，帰国後は居住地の市区町村において外国人登録を行っている（平成21年法律79号により廃止前の外登法3条）ことなどから，母と実父との法律上の婚姻関係の成否，ひいては母について日本国籍の喪失の有無，さらには子について出生による日本国籍の取得の有無等に疑義を生ずるため，その国籍認定に適正を期することが強く要請されるからです。

　設問における子の出生届の場合も，設問の中に「管轄法務局長等の指示を得て」とあることから，上記の趣旨に基づいて処理されたものと考えます。

3　設問の場合の処理

　設問の子については，実父の国籍及び身分関係（特に残留婦人である日本人母との法律上の婚姻関係の有無等）が設問からは明らかではありませんが，当該子を嫡出でない子とする出生の届出が，前記2の取扱いにより管轄法務局の調査を経て受理されていることは，当該子が日本人母と中国人男性との間の出生子であったとしても，本人は出生により日本国籍を取得し，現在も日本国籍を保有していることが認定されたものと評価することができます。

　そこで，当該子が先に中国人として行った中国人女との創設的婚姻の届出については，当事者双方が中国法上の実質的要件（通則法24条1項）を備えているからこそ受理されたものですが，実は，当該子については，日本民法上の要件を審査すべきであったということができます。もっとも，婚姻届出が受理されて，婚姻が成立している以上，特に無効とするべき事由がない限り，現在においても婚姻は有効に成立しているものというべきです。そして，設問において日本民法上の

無効事由として問題となり得るのは，婚姻意思の存在（民742条1号）ですが，この点も，追完届出がなされていること等から，当事者間に婚姻を継続する意思があると認められます。しかしながら，当初の婚姻届出は双方が中国人としてされているため，届書の記載事項（戸29条・74条，戸規56条）中の届出人である夫の表示に錯誤を生じており，また，本来は，日本人と外国人との婚姻届出であることから，設問の子について新戸籍編製を要することになる（戸16条3項）ところ，その旨の記載を遺漏していることになります。したがって，設問の追完の届出は，上記の不備を是正補完するためにされたものと解されるので，これを受理した上〔注〕，本人について新戸籍を編製する等所要の処理をすべきです。

　上記の場合の追完届出書式及び戸籍記載例については，後掲の(1)ないし(3)のとおりです。

　〔注〕　追完届出の受理に当たり，婚姻届出事件本人（夫）の同一人性についての判断を要します。この場合，次の証明書等が判断の資料となります。
　　(1)　閉鎖後の旧外国人登録原票記載事項証明書
　　　　本人の旧外国人登録原票は，本人が日本国籍保有者であること（母からの出生届出を契機として明確となる。）を事由として，旧外国人登録証明書の返納手続により閉鎖されているはずであり（旧外登法12条2項，旧外登令6条1号参照），その登録原票の記載事項証明書の記載（特に閉鎖事由）は，同一人性の判断上参考になると考える。また，本人が旧外国人登録上，通称名（日本名）を登録している場合（通称名の登録について田村満「全訂外国人登録法逐条解説」98頁参照）には，判断を容易にすることができると思われる。
　　(2)　渡航証明書の写し
　　　　渡航証明書に本人の氏名として「日本名」が併記されている場合には，前記(1)の後段の場合と同様となる。

(3)　婚姻届書及び追完届書の記載との関係

　　各届書における本人の名，生年月日及び住所の記載は一致して
　おり，同一人性の判断上考慮されるべき点である。

　　なお，同一人性の判断に疑義がある場合には，管轄法務局の指示
　を得て処理するのが適当です。

(1) 追完届書

<table>
<tr><td colspan="3" align="center">追　完　届</td><td rowspan="2">受附</td><td colspan="4">令和 5 年 2 月 6 日　第 678 号</td></tr>
<tr><td colspan="3">東京都文京 ⟨市 ⓍＩ町村⟩ 長　殿</td><td>書類調査</td><td>戸籍記載</td><td>記載調査</td><td>附　票　住民票　通知</td></tr>
</table>

東京都文京 市区町村 長　殿

令和 5 年 2 月 6 日届出

<table>
<tr>
<td>(一)</td>
<td colspan="2">種　　　類</td>
<td>婚姻届</td>
<td>届出の
年月日</td>
<td>令和 3 年10月 5 日</td>
<td>基本届出事件
の受付年月日
及び受付番号</td>
<td>令和 3 年10月 5 日</td>
</tr>
<tr>
<td>(二)</td>
<td colspan="2">届　出　人</td>
<td colspan="3">洪　澄夫　楊　香順</td>
<td></td>
<td>第　　1234　　号</td>
</tr>
<tr>
<td rowspan="2">(三)</td>
<td rowspan="6">追完を要する届出事件</td>
<td>本　籍</td>
<td colspan="3">国籍　中国</td>
<td colspan="2">国籍　中国</td>
</tr>
<tr>
<td>筆頭者氏名</td>
<td colspan="3"></td>
<td colspan="2"></td>
</tr>
<tr>
<td>(四)</td>
<td>住所及び
世帯主氏名</td>
<td colspan="5">東京都文京区千石2丁目5番6号　乙原春子</td>
</tr>
<tr>
<td rowspan="2">(五)</td>
<td>氏　名</td>
<td colspan="2">洪　澄　夫</td>
<td colspan="3">楊　　香　順</td>
</tr>
<tr>
<td>生年月日</td>
<td colspan="2">西暦1990年 10 月 4 日</td>
<td colspan="3">西暦1992年 4 月 10 日</td>
</tr>
</table>

<table>
<tr>
<td>事件本人</td>
</tr>
</table>

(六)	追 完 の 事 由	夫は日本人であるため、日本人として届出をすべきところ、中国人として届出をしたのは誤りであるため。
(七)	追 完 す る 事 項	次の事項を追完する。 夫の氏名・生年月日　乙原澄夫　平成2年10月4日 夫の戸籍の表示　東京都千代田区平河町3丁目4番地　乙原春子 新戸籍編製の場所　東京都千代田区平河町3丁目4番地
(八)	添 付 書 類	夫の戸籍の全部事項証明書、夫の閉鎖後の旧外国人登録原票記載事項証明書、妻の旅券の写し

<table>
<tr>
<td rowspan="5">(九)</td>
<td rowspan="5">届出人</td>
<td>本　籍</td>
<td>東京都千代田区平河町
3丁目4番地</td>
<td>国籍　中国</td>
</tr>
<tr>
<td>筆頭者氏名</td>
<td>乙　原　春　子</td>
<td></td>
</tr>
<tr>
<td>住　所</td>
<td colspan="2">東京都文京区千石2丁目5番6号</td>
</tr>
<tr>
<td>届出人の資格
及び署名
(※押印は任意)</td>
<td>乙原澄夫　㊞</td>
<td>楊　　香　順</td>
</tr>
<tr>
<td>生年月日</td>
<td>平成 2 年 10 月 4 日</td>
<td>西暦1992年 4 月 10 日</td>
</tr>
</table>

(2) 〔コンピュータシステムによる証明書記載例〕　夫の婚姻前の戸籍

本　　籍	東京都千代田区平河町三丁目4番地
氏　　名	乙原　春子

戸籍事項 戸籍編製	（編製事項省略）

戸籍に記録されている者	【名】澄夫
除　　籍	【生年月日】平成2年10月4日 【父】 【母】乙原春子 【続柄】長男
身分事項 出　　生	（出生事項省略）
婚　　姻	【婚姻日】令和3年10月5日 【配偶者氏名】楊香順 【配偶者の国籍】中国 【配偶者の生年月日】西暦1992年4月10日 【送付を受けた日】令和5年2月9日 【受理者】東京都文京区長 【新本籍】東京都千代田区平河町三丁目4番地
	以下余白

発行番号

※　追完の届書と基本の婚姻の届書を合わせて正しい一件の婚姻の届書が送付されたものとして処理します。

⑶ 〔コンピュータシステムによる証明書記載例〕 夫の新戸籍

（1の1） 全 部 事 項 証 明

| 本　　籍 | 東京都千代田区平河町三丁目4番地 |
| 氏　　名 | 乙原　澄夫 |

| 戸籍事項
　戸籍編製 | 【編製日】令和5年2月9日 |

| 戸籍に記録されている者 | 【名】澄夫

【生年月日】平成2年10月4日　　　　　　【配偶者区分】夫
【父】
【母】乙原春子
【続柄】長男 |

| 身分事項
　　出　　生 | （出生事項省略） |
| 　　婚　　姻 | 【婚姻日】令和3年10月5日
【配偶者氏名】楊香順
【配偶者の国籍】中国
【配偶者の生年月日】西暦1992年4月10日
【送付を受けた日】令和5年2月9日
【受理者】東京都文京区長
【従前戸籍】東京都千代田区平河町三丁目4番地　乙原春子 |

以下余白

発行番号

※　追完の届書と基本の婚姻の届書を合わせて正しい一件の婚姻の届書が送付
　されたものとして処理します。

問30　日本と米国の二重国籍を有する男が，米国の単一国籍者として日本人女との婚姻の届出をして受理され，戸籍の記載がされた後，同男について日本人とする追完届出がされた場合，どのように処理すべきですか。

答　設問の追完の届出は，夫婦の双方から，夫の氏名・生年月日，戸籍の表示，夫婦の称する氏及び新本籍を追完する旨の届出がされたものと解されるので，これを受理した上，夫婦について新戸籍を編製する等所要の処理をすべきものと考えます。

【解　説】

1　日本人が重国籍となる場合

現行国籍法は，出生による日本国籍の取得について，いわゆる父母両系血統主義を採用している（国2条1号）ので，日本人を父又は母として出生したときは，出生により日本国籍を取得しますが，この場合において，①外国人父又は母の本国が父母両系血統主義を採用していて，外国人親の国籍を取得した場合，②外国人父の本国が父系血統主義を採用していて，外国人父の国籍を取得した場合，③出生により外国の国籍を取得した日本国民で外国で出生したものについて，適法に日本国籍留保の意思表示をした場合（国12条，戸104条），④外国人との身分行為（婚姻，縁組，認知等）に伴う効果として，その外国の国籍を取得した場合は，日本と外国の重国籍者となります。

2　日本と外国の重国籍者が婚姻する場合の本国法

重国籍者の本国法の決定については，通則法は，その国籍を有する国のうち当事者が常居所を有する国の法を，常居所を有する国がないときは，当事者に最も密接な関係がある国の法をもって，その本国法としています（通則法38条1項本文）。

しかし，通則法は，日本人の場合は，他に国籍を有していても，日本法をその本国法としています（通則法38条１項ただし書）。したがって，設問の場合のように，日本と米国の重国籍者が婚姻の当事者となる場合には，他に国籍を有するかどうかを調査するまでもなく，日本国籍のみを有しているものとして事件を処理することができます（改訂Ⅱ第２章の問14（52頁）参照）。ところで，戸籍届出の要件等の審査は，いわゆる形式的審査主義によっていること等から，内外重国籍者から外国人として婚姻の届出がされた場合は，市区町村長としては，添付の要件具備証明書等によって外国人の届出として適法と認められれば，これを受理しているのが通常と考えられます。

3　設問の事例と追完届による処理

　設問は，日本と米国の重国籍者である男（以下単に「夫」という。）が，米国の単一国籍者として日本人女（以下単に「妻」という。）との婚姻の届出をして受理された事例です。この場合，妻については，当該婚姻届に基づき既に戸籍の記載がされていますが（この場合の婚姻に関する戸籍の記載については，妻が婚姻前の戸籍において，①在籍者の場合につき法定記載例73～75を，②筆頭者の場合につき法定記載例76を各参照。），夫の戸籍には何らの記載がされていないことは明らかです。つまり，夫については，本来であれば，当該婚姻の届出によって所要の戸籍記載がされるべきところ，これをまったく遺漏していることになります。

　そこで，夫婦双方から，当該婚姻届に対し，①夫の戸籍の表示，②婚姻後に称すべき夫婦の氏，③夫婦につき新戸籍編製を要する場合は，その新本籍等について追完の届出を要します。

　設問については，上記の趣旨により追完の届出がされたものと解されるので，これを受理した上，夫婦について新戸籍を編製する等所要の処理をすべきものと考えます。

　なお，妻の関係戸籍の婚姻事項等についても，戸籍訂正を要します

が，その訂正を要すべき事項について錯誤等があることは，追完届及びこれに基づく戸籍記載後の戸籍（又はその謄本）等によって形式的に判断し得る（言い換えれば，格別の法的判断を要しない。）ので，追完届を資料として，市区町村長限りの職権で訂正することができるものと解されます（昭和39・12・16民事甲3966号回答，昭和42・5・19民事甲1177号通達参照）。もちろん，設問では，夫の戸籍に関して記録の遺漏があったことは明らかですから，戸籍法第113条による訂正も可能であることは言うまでもありません（改訂設題解説戸籍実務の処理ⅩⅩⅠ追完編320・321頁参照）。

　上記の場合の追完届書式例及び戸籍の記載例については，先の婚姻届出及び追完の届出に基づき夫婦について夫の氏で新戸籍を編製し，妻については先の婚姻届出に基づき新戸籍を編製している場合（戸16条1項本文・3項本文）の例として，後掲の(1)ないし(6)のとおり示します。

(1) 婚姻に関する追完

<table>
<tr><td colspan="2" rowspan="2" align="center">追　完　届</td><td>受</td><td colspan="3">令和　5　年 11 月 15 日</td><td>第 9788 号</td></tr>
<tr><td>附</td><td colspan="4">書類調査 戸籍記載 記載調査附　　票 住民票 通　　知</td></tr>
</table>

東京都千代田区 市⊗町村 長　殿

令和　5　年 11 月 15 日届出

<table>
<tr>
<td>(一)</td>
<td rowspan="5">追完を要する届出事件</td>
<td colspan="2">種　　　類</td>
<td>婚姻届</td>
<td>届出の年月日</td>
<td>令和 3 年 6 月 3 日</td>
<td>基本届出事件の受付年月日及び受付番号</td>
<td colspan="2">令和 3 年 6 月 3 日
第　　5820　　号</td>
</tr>
<tr>
<td>(二)</td>
<td colspan="2">届　出　人</td>
<td colspan="5">コウノ、タケオ　乙川花子</td>
</tr>
<tr>
<td>(三)</td>
<td rowspan="3">事件本人</td>
<td>本　　籍</td>
<td colspan="3">国籍　アメリカ合衆国</td>
<td colspan="2">京都市北区小山初音町18番地</td>
</tr>
<tr>
<td></td>
<td>筆頭者氏名</td>
<td colspan="3"></td>
<td colspan="2">乙　川　忠　雄</td>
</tr>
<tr>
<td>(四)</td>
<td>住所及び世帯主氏名</td>
<td colspan="5">東京都千代田区平河町4丁目11番3号　乙川花子</td>
</tr>
<tr>
<td>(五)</td>
<td></td>
<td>氏　　名</td>
<td colspan="2">(夫) コウノ、タケオ</td>
<td colspan="3">(妻) 乙　川　花　子</td>
</tr>
<tr>
<td></td>
<td></td>
<td>生年月日</td>
<td colspan="2">西暦1992年　8 月 16 日</td>
<td colspan="3">平成　7　年 10 月 28 日</td>
</tr>
<tr>
<td>(六)</td>
<td colspan="2">追　完　の　事　由</td>
<td colspan="6">夫は日本とアメリカ合衆国の二重国籍者であるため、日本人として届出をすべきところ、アメリカ合衆国人として届出をしたのは誤りであるため。</td>
</tr>
<tr>
<td>(七)</td>
<td colspan="2">追　完　す　る　事　項</td>
<td colspan="6">次の事項を追完する。
夫の氏名・生年月日　甲野武雄　平成4年8月16日
夫の戸籍の表示　東京都千代田区平河町1丁目4番地
甲野義太郎
夫婦の称する氏　夫の氏
新戸籍編製の場所　東京都千代田区平河町4丁目4番地</td>
</tr>
<tr>
<td>(八)</td>
<td colspan="2">添　付　書　類</td>
<td colspan="6"></td>
</tr>
<tr>
<td>(九)</td>
<td rowspan="5">届出人</td>
<td>本　　籍</td>
<td colspan="3">東京都千代田区平河町
1丁目4番地</td>
<td colspan="3">京都市北区小山初音町
18番地</td>
</tr>
<tr>
<td></td>
<td>筆頭者氏名</td>
<td colspan="3">甲　野　義太郎</td>
<td colspan="3">乙　川　忠　雄</td>
</tr>
<tr>
<td></td>
<td>住　　所</td>
<td colspan="6">上記(四)に同じ</td>
</tr>
<tr>
<td></td>
<td>届出人の資格及び署名
(※押印は任意)</td>
<td colspan="3">夫 甲　野　武　雄　㊞</td>
<td colspan="3">妻 乙　川　花　子　㊞</td>
</tr>
<tr>
<td></td>
<td>生　年　月　日</td>
<td colspan="3">平成　4　年　8 月 16 日</td>
<td colspan="3">平成　7　年 10 月 28 日</td>
</tr>
</table>

⑵ 〔コンピュータシステムによる証明書記載例〕 夫婦の新戸籍

本　　籍	東京都千代田区平河町四丁目4番地
氏　　名	甲野　武雄

戸籍事項 　戸籍編製	【編製日】令和5年11月15日

戸籍に記録されている者	【名】武雄 【生年月日】平成4年8月16日　　　　　【配偶者区分】夫 【父】甲野義太郎 【母】甲野竹子 【続柄】二男
身分事項 　出　　生 　婚　　姻	（出生事項省略） 【婚姻日】令和3年6月3日 【配偶者氏名】乙川花子 【入籍日】令和5年11月15日 【従前戸籍】東京都千代田区平河町一丁目4番地　甲野義太郎 【特記事項】令和5年11月15日追完届出
戸籍に記録されている者	【名】花子 【生年月日】平成7年10月28日　　　　　【配偶者区分】妻 【父】乙川忠雄 【母】乙川松子 【続柄】二女
身分事項 　出　　生 　婚　　姻	（出生事項省略） 【婚姻日】令和3年6月3日 【配偶者氏名】甲野武雄 【入籍日】令和5年11月15日 【従前戸籍】京都市北区小山初音町18番地　乙川忠雄 【特記事項】令和5年11月15日追完届出
	以下余白

発行番号

※　追完の届出により，改めて夫の氏の新戸籍を編製（記録）し，その戸籍に
　入籍したので，【入籍日】も記録します。

(3) 〔コンピュータシステムによる証明書記載例〕　夫の婚姻前の戸籍中
夫の身分事項欄

（1の1）　全部事項証明

本　　籍	東京都千代田区平河町一丁目4番地
氏　　名	甲野　義太郎

戸籍事項 　　戸籍編製	（編製事項省略）

戸籍に記録されている者 　除　　籍	【名】武雄 【生年月日】平成4年8月16日 【父】甲野義太郎 【母】甲野竹子 【続柄】二男
身分事項 　　出　　生	（出生事項省略）
婚　　姻	【婚姻日】令和3年6月3日 【配偶者氏名】乙川花子 【除籍日】令和5年11月15日 【新本籍】東京都千代田区平河町四丁目4番地 【称する氏】夫の氏 【特記事項】令和5年11月15日追完届出
	以下余白

発行番号
※　追完届出によって，日本人として改めて婚姻による除籍者となったので，
【除籍日】も記録します。

(4) 戸籍訂正書

<table>
<tr><td rowspan="2" colspan="2" style="text-align:center">戸 籍 訂 正 書</td><td>受</td><td colspan="2">令和 5 年 11 月 18 日</td><td>戸　籍</td><td></td></tr>
<tr><td>付</td><td>第</td><td>1345　号</td><td>調査</td><td></td></tr>
</table>

(一)	事件本人	本　籍	京都市北区小山初音町18番地	記載
		筆頭者氏名	乙 川 忠 雄	記載調査
(二)		住所及び世帯主氏名	東京都千代田区平河町4丁目11番3号　乙川花子	送付
(三)	事件本人	氏　名	乙 川 花 子	住 民 票
		生年月日	平成7年10月28日	記載

(四)	訂正・記載の事由	上記事件本人の夫甲野武雄は日・米の重国籍者であるため、日本人として婚姻届出をすべきところ、誤ってアメリカ合衆国人として届け出たため、事件本人につき婚姻による新戸籍の編製及び婚姻の記載に錯誤を生じているため。

通知　附　票
記載　通知

(五)	訂正・記載の趣旨	1　令和3年6月3日受理の婚姻届出に基づき事件本人を筆頭者として編製した上記戸籍を消除する。 2　上記乙川忠雄の戸籍中事件本人の婚姻事項を、 　婚　　姻 　　　　　【婚姻日】令和3年6月3日 　　　　　【配偶者氏名】甲野武雄 　　　　　【送付を受けた日】令和3年6月5日 　　　　　【受理者】東京都千代田区長 　　　　　【新本籍】東京都千代田区平河町四丁目4番地 　　　　　【称する氏】夫の氏 - 　　　訂　　正　　　　　【訂正日】令和5年11月18日 　　　　　【訂正事由】錯誤 　　　　　【従前の記録】 　　　　　　【配偶者氏名】コウノ，タケオ 　　　　　　【配偶者の国籍】アメリカ合衆国 　　　　　　【配偶者の生年月日】西暦1992年8月16日 　　　　　　【新本籍】京都市北区小山初音町18番地 　　　　　　【記録の内容】 　　　と訂正する。　　　　　【称する氏】夫の氏

(六)	添付書類	乙川忠雄の戸籍の全部事項証明書、追完届書の謄本

　　上記のとおり職権によって訂正する。

　　令和 5 年 11 月 18 日

　　　　　　　京都市北区長　大 原 清 志　[職印]

(5) 〔コンピュータシステムによる証明書記載例〕 妻の新戸籍

除　　籍	（1の1）　全部事項証明
本　　籍	京都市北区小山初音町１８番地
氏　　名	乙川　花子

戸籍事項 　戸籍編製 　戸籍消除	【編製日】令和３年６月５日 【消除日】令和５年１１月１８日
戸籍に記録されている者 　消　　除	【名】花子 【生年月日】平成７年１０月２８日　　　　　【配偶者区分】妻 【父】乙川忠雄 【母】乙川松子 【続柄】二女
身分事項 　出　　生 　消　　除	（出生事項省略） 【消除日】令和５年１１月１８日 【消除事項】婚姻事項 【消除事由】錯誤 【従前の記録】 　【婚姻日】令和３年６月３日 　【配偶者氏名】コウノ，タケオ 　【配偶者の国籍】アメリカ合衆国 　【配偶者の生年月日】西暦１９９２年８月１６日 　【送付を受けた日】令和３年６月５日 　【受理者】東京都千代田区長 　【従前戸籍】京都市北区小山初音町１８番地　乙川忠雄
	以下余白

発行番号

⑹ 〔コンピュータシステムによる証明書記載例〕 妻の婚姻前の戸籍中
妻の身分事項欄

| 全 部 事 項 証 明

本　　籍	京都市北区小山初音町１８番地
氏　　名	乙川　忠雄

戸籍事項 　　戸籍編製	（編製事項省略）

戸籍に記録されている者 除　　籍	【名】花子 【生年月日】平成７年１０月２８日 【父】乙川忠雄 【母】乙川松子 【続柄】二女
身分事項 　　出　　生	（出生事項省略）
婚　　姻	【婚姻日】令和３年６月３日 **【配偶者氏名】甲野武雄** 【送付を受けた日】令和３年６月５日 【受理者】東京都千代田区長 **【新本籍】東京都千代田区平河町四丁目４番地** **【称する氏】夫の氏**
訂　　正	【訂正日】令和５年１１月１８日 【訂正事由】錯誤 【従前の記録】 　　【配偶者氏名】コウノ，タケオ 　　【配偶者の国籍】アメリカ合衆国 　　【配偶者の生年月日】西暦１９９２年８月１６日 　　【新本籍】京都市北区小山初音町１８番地 **【記録の内容】** 　　**【称する氏】夫の氏**
	以下余白

発行番号

第５章　婚姻届に関するもの　　*257*

問31　日本在住の韓国人Ａ男及びＢ女は，平成25年５月に所在地の市区町村長に婚姻の届出（届書には，各自について本国官憲から戸籍謄本の交付を得られない理由書と外国人住民票の写しを添付）をして受理されたが，最近，本国官憲から夫Ａ男の家族関係証明書の交付を得たところ，婚姻届書中の同男の名及び出生の月日が韓国の家族関係登録簿の記載と相違していることが判明した。同男は既に死亡しているため，妻Ｂ女が先の婚姻届につき夫Ａ男の名及び出生の月日の記載を訂正する旨の追完届をすることが認められますか。

答　　設問における追完は，当該婚姻届出の効力に直接影響を及ぼさない事項に関する追完と考えられることから，妻Ｂ女のみから追完の届出をすることが認められるものと解されます。

【解　説】
1　在日韓国人の婚姻届と添付書類

　渉外的婚姻の届出を受理するに際しての市区町村長の成立要件の審査は，外国人当事者については，その本国官憲の発行する婚姻要件具備証明書の提出を求めた上，これによって要件を具備しているか否かを審査することとされており，これが戸籍実務上の一般的な取扱いとなっています（大正８・６・26民事841号回答，大正11・５・16民事3471号回答，改訂Ⅲ第６章の問74（209頁）参照）。ただし，韓国人（又は台湾系中国人）を当事者とする婚姻届の場合には，その身分関係事実を証する書面として戸籍謄本を添付することができるときは，これをもって婚姻要件具備証明書に代えることが認められます（その考え方等については改訂Ⅲ第６章の問82（226頁）参照）〔**注１**〕。しかし，その

一方において，在日韓国人（又は台湾系中国人）の中には，その歴史的な経緯等から，本国官憲においてその身分関係を把握していない場合がある（特にわが国で出生している子等の場合）ため，婚姻要件具備証明書や戸籍謄本の交付を受けて提出することができない当事者があり得ます。そのような場合は，同証明書を提出することができない旨の申述書を求めた上で，当事者の身分関係を証する書面（例えば，本国官憲の発行した父母の戸籍謄本，日本の市区町村長の発行した父母の婚姻届出受理証明書・当事者本人の出生届出受理証明書など）によって要件を審査して届出を受理する取扱いが例外的に認められています（昭和28・7・7民事甲1126号通達，昭和30・2・9民事甲245号通達）〔注2〕。

2　設問の事例

　設問は，ともに在日韓国人であるA男及びB女を当事者とする婚姻の届出が，その所在地の市区町村長において受理されている（この婚姻届は，設問の内容から，前記1の例外的取扱いによりその受理が認められたものと思われる。）ところ，同届書中のA男の名及び出生の月日が，最近に至って本国官憲から交付を受けたA男の家族関係証明書の記載と相違していることが判明したが，A男は既に死亡しているため，妻B女から当該婚姻届につき上記の記載の不備を是正するための追完の届出をすることができるかを問うものです。

3　追完制度の目的

　ところで，届出の追完は，届書の不備（すなわち，記載の遺漏又は誤記等）を別の書面により是正・補完することによって，基本の届出と合わせて一つの完全な届出とすることを目的としているものです（大正5・10・21民629号回答，大正6・1・20民1997号回答，問1（109頁）参照）。そして，ここにいう基本の届出とは，報告的届出はもとより，創設的届出もその対象となるとされています（大正8・6・26民事841号回答）。したがって，設問の事例のように，外国人の双方を当事者とする婚姻・縁組等の創設的届出の場合であっても，その届書の記載

に誤記等がある場合には，追完の届出によってその不備を是正・補完することができます。このことは，届出人たる外国人の身分関係の公証との観点からも肯定されるべきです。外国人のみに関する戸籍届書等は，これを受理した市区町村長において保存する（戸規50条）とともに，この届書等に基づき当該外国人の身分関係を公証します（改訂Ⅰ第2章の問80（303頁），問81（305頁）参照）が，この場合に，もし，当該届書に不備（記載の遺漏又は誤記）があるとすれば，その補正が求められるのは当然であり，また，補正がされないままでは，身分関係の公証上適切を欠くことになると考えられるからです。

4　設問における追完届の可否

　設問の追完の届出は，前記2のとおり，在日韓国人相互間の創設的婚姻届書中の夫の名及び出生の月日の記載を是正するためにされるものですが，この場合に問題となるのは，その是正の対象当事者であり，届出人である夫は既に死亡していることから，一方の届出人である妻のみからの追完届出が認められるか否かです。さらに，これが認められるとした場合，夫の同一性が問題となります。

　ところで，創設的届出に対する追完が認められるには，基本届出が有効であること（すなわち当該届出の対象たる身分行為が有効に成立していること。）が前提となります。当初から無効な届出に対しては，追完の届出を認める余地はないからです。これを設問についてみますと，届出人たるA男及びB女間の婚姻は，既に基本の婚姻届出の受理によって成立しており，ただ，当該届書の夫A男の表示に誤記があるにすぎないことから，これを是正するための追完が認められるべきものといえます。

　次に，創設的届出に対する追完は，届出によって生ずる効力に影響を及ぼす事項については，届出人全員によって追完の届出をすべきであり，そうでないときは，届出人のうちの一人が追完の届出をすれば足りるとされています（大正8・6・26民事841号回答，青木・大森『全

訂戸籍法』251頁)。設問については，上記の後段の場合に該当するものと解されます。設問における追完は，前記のとおり夫Ａ男の表示を是正するためのものであり，届出の効力に直接影響を及ぼさない事項と考えられるからです〔注３〕。

　以上の点から，設問については，妻Ｂ女から追完の届出をすることは，法律上，認められるものと解されます。

　次に問題となるのは，夫の氏名等が婚姻届書に記載されたものと本国の家族関係証明書の記載とが異なっているため，夫の同一性が問題となります。同一人物であることが証明されないと，追完届出により夫ではない他の男と婚姻していたとの事実を作出することになりかねないからです。これには，関係者の申述書等の資料が必要ですが，場合によっては，法務局による事実調査も必要となることがあります。

〔注１〕　韓国においては，2007年（平成19年）法律第8435号をもって「家族関係の登録等に関する法律」が公布され，2008年（平成20年）１月１日（一部の規定を除く。）から施行されています（これに伴い，従来の戸籍制度は廃止された。）。したがって，同法律の施行後は，国民の身分関係を証明するには，従前の戸籍謄本等に代わり，家族関係登録簿等の記録事項証明書によってすることとされています（同法律15条参照）。

〔注２〕　出入国管理及び難民認定法等並びに住民基本台帳法の一部改正（平成21年法律77号，同79号―平成24・７・９施行）に伴い，一定の在留資格を有する外国人住民については，住民票が作成され，その写しが交付されることになった（改正住基法30条の45・12条）ので，前掲の245号通達で示された添付書類については，前記当事者の申述書及び「本人の住民票の写し（発行の日から３月以内のもの）並びにその身分関係を証する戸籍謄抄本（本国当該官憲発給の身分関係の証明書を含む。）等」に改められています（平成24・６・25民一1550号通達）。なお，韓国人又は台湾系中国人であっても，本国官憲から旅券の発給を受けてわが国に入国し

た者等については，上記の例外的取扱いは認められないので，注意を要します（平成元・12・27民二5541号通達）。

〔**注3**〕　婚姻の届出においては，例えば，夫婦の氏の選択に関する事項のように婚姻の実体に直接影響を及ぼさない事項については，夫婦の一方の死亡又は所在不明等の事由によって夫婦双方から追完の届出をすることができないときは，便宜その一方のみからの追完の届出が認められます（昭和30・6・28民事二発255号回答，昭和42・9・27〜28高知局戸住協決議問10）。さもなくば，婚姻による夫婦の新戸籍を編製することができないからです。

第6章　離婚届に関するもの

> **問32**　日本に在住する外国人同士の協議離婚届出を受理した後，その離婚について無効の審判が確定した場合，当事者は，どのような手続をすべきですか。

答　当該離婚無効確認の審判の申立人から，基本の協議離婚届書に対し，離婚無効確認の審判が確定した旨の追完の届出（当該審判の謄本及び確定証明証を添付）をすべきものと考えます。

【解 説】

1　日本在住の外国人夫婦の協議離婚

(1)　離婚の準拠法

通則法第27条は，離婚の成立の準拠法を，第1順位共通本国法，第2順位共通常居所地法，第3順位密接関連法とする段階的連結によって定めています。したがって，外国人の夫婦が同国人であるときは，その共通本国法が離婚の準拠法となり，また，両者が国籍を異にするときは，第2順位以下の法すなわち，当該夫婦が常居所を共通にするときは，その常居所地国の法が離婚の準拠法となり，さらにその法がないときは，当該夫婦に最も密接に関連する国の法が離婚の準拠法となります（改訂Ⅲ第2章の問6（18頁）参照。なお，常居所地法及び密接関連地法の認定については，改訂Ⅲ第2章の問10（32頁），問13（41頁）を参照願います。）。

次に，離婚の方式については，前記の離婚の成立の準拠法の定める方式によるほか，行為地法による方式も有効です（通則法34条）。

(2)　外国人夫婦の協議離婚届出の可否

　日本に在住する外国人の夫婦が，日本の方式により協議離婚の届出をすることができるかは，前記(1)の離婚の準拠法いかんによって決定されます。すなわち，当該夫婦について離婚の準拠法が，①共通本国法となる場合に，その共通本国法が協議離婚を認めている場合，②共通常居所地法又は密接関連法が日本法となる場合は，いずれも市区町村長に協議離婚の届出をすることができます。

2　設問の事例

　設問は，日本在住の外国人の夫婦が日本の方式により協議離婚の届出をして受理された後，当該離婚について無効の審判が確定した場合の手続を問うものです。

　ところで，設問の外国人夫婦については，まず，離婚の準拠法が日本法であることから（前記1の(2)のうち，②の場合），協議離婚の届出が受理された場合を検討します。この場合は，当該離婚が有効か否かの問題は，離婚の準拠法である日本法によって判断することになります（改訂Ⅲ第6章の問51（155頁）参照）。そこで，これを前提として，当該離婚の有効性について検討してみますと，まず，形式的成立要件（方式）との関係では，当該協議離婚の届出が形式上，日本の民法及び戸籍法の規定に従ってされている限り，国際私法上においても，方式上，有効と考えられます。次に，実質的成立要件との関係では，日本法上，協議離婚の届出が当事者の意思に基づかない場合（例えば，当事者の一方又は双方の不知の間に他方又は第三者によって届出がされたような場合）には，その離婚は無効とされています（民742条1号，最判昭和34・8・7‐民集13巻10号1251頁ほか。なお，無効の離婚の追認との関係については，改訂Ⅲ第6章の問51（155頁）参照）。

　次に，設問の外国人が同国人同士であって，離婚の準拠法がその共通本国法である場合（前記1の(2)のうち，①の場合）を検討してみますと，当該本国法上，協議離婚が可能であるとして，離婚届出が受理さ

れたのに，実は，その本国法上協議離婚ができず，離婚が無効とされる場合等を考えることができます。

そして，これらの場合，わが国において，離婚の無効を主張するためには，審判又は判決により離婚の無効を確認することが必要です（家事277条，人訴2条1号）。設問の事例は，この場合の例と解されます。

3　設問の場合の手続

協議離婚の当事者の一方（又は双方）が日本人である場合において，その離婚につき無効の裁判が確定したときは，当該日本人の戸籍について，戸籍法第116条の戸籍訂正申請により離婚がなかった状態に回復する訂正をすべきこととなりますが，設問の事例は，外国人夫婦を当事者とする場合であって，離婚の事実等その身分関係の一切が戸籍に記載されないため，上記の戸籍訂正申請をする余地はありません。しかし，当該離婚の届出は，これを無効とする審判の確定によって既にその効力を失っており，当該届書（受理市区町村長において保管—戸規50条）をそのまま存置することは適切を欠くことになります。このことは，その届書が当事者の身分関係を公証する，戸籍に代わる重要書類であることに徴すれば明らかです。そこで，この場合は，当該届出に対して，審判の申立人から，審判の謄本及び確定証明書を添付して「離婚無効の審判確定」の旨の追完の届出をすることが必要です。これによって，当該離婚の届出は，実質的に訂正されたこととなります（昭和40・5・13民事甲794号回答，昭和40・7・5民事甲1709号回答）。したがって，当該離婚届書と追完届書とを一体として保管し，当事者の身分関係の公証に備えるべきであると考えます〔**注**〕。

〔**注**〕　1　この場合，基本の離婚届と追完届との関連づけをするため，戸籍受附帳の備考欄に，①離婚届の部位には「年月日受附第○○○号離婚無効の旨の追完届」と，②追完届の部位には「年月

日受附第○○○号離婚届に対する追完」とそれぞれ記載しておくのが相当と考えます。なお，戸籍システムでは，備考欄はありませんが，それぞれの受付帳の関連受領番号の欄に，それぞれの受理番号を互い違いに入力し関連づける処理をします（標準準則32条）。

2　当事者から，基本の離婚届につき，届出受理証明書又は記載事項証明書（戸48条）の交付請求がされた場合は，追完届によって訂正された後の内容によって証明するのが相当です。

> **問33** 未成年の子（日本国籍）を有する外国人夫と日本人妻の協議離婚の届出がなされ，これを受理した後，子の親権者指定の記載を遺漏したとして，その追完の届出がされた場合，どのように処理すべきですか。

答　設問の追完の届出は，夫婦の双方からされたものと解して，これを受理した上，子の戸籍の身分事項欄に親権者指定事項を記載することとなります。

【解 説】

1　離婚の準拠法と設例の場合

通則法第27条は，離婚の準拠法について夫婦の共通本国法，共通常居所地法，密接関連法と段階的連結により指定する一方で，日本人配偶者が日本に常居所を有しているときは，日本法を離婚の準拠法とすると定めています（同条ただし書）。設問の場合は，日本人妻が日本に常居所を有することから，日本法を準拠法として，協議離婚の届出が受理された事例と解されます。

2　父母の離婚と未成年の子の親権関係

未成年の子を有する夫婦が離婚した場合，その未成年の子に対する親権者，監護者の決定の問題については，これを離婚の効力の問題と考えて通則法第27条（離婚の準拠法）によるべきとする説もありますが，同条は，夫婦間の利害の調整を主たる目的とするものであり，子の利益保護を主目的とする親子関係には及ばないと解すべきであるとして，通則法第32条の親子間の法律関係の準拠法によるべきであるとする説が通説となっています（溜池良夫『国際私法講義』446頁，山田鐐一『国際私法（新版）』450頁）。戸籍の実務上もこの考え方によっています（基本通達第2の1(2)。なお，改訂Ⅲ第3章の問41（118頁）参照）。

3　設問の場合の処理

　設問においては，夫婦間の未成年の子は，母が日本人であり，日本国籍を有する（国2条1号）ため，日本人母と国籍を同じくすることから，その親権の準拠法は日本法となります（通則法32条）。したがって，当該協議離婚の届出の際に夫婦の協議で，その一方を親権者と定めることが必要です（民819条1項）。そして，当該離婚届書に親権者と定められた父又は母の氏名及びその親権に服する子の氏名を記載して届け出ることを要する（戸76条1号）ところ〔注1〕，設問においては，その記載を遺漏したまま届出がなされ，これが受理された場合です。この場合，離婚そのものは有効に成立しており（民765条2項），単なる届書の記載遺漏にすぎないので，夫婦の双方から，先の離婚届に対し，親権者指定に関する事項を追完することができます（昭和25・6・10民事甲1653号回答，昭和59・11・30民二6159号通達）〔注2〕。したがって，設問における追完の届出は，これを受理した上，当該子の戸籍の身分事項欄に親権者指定事項を記載します。ちなみに，この場合の追完届書式例及び戸籍記載例は，後掲の(1)・(2)のとおりです。

　〔注1〕　未成年の子を有する夫婦の協議離婚の届出につき親権者の指定
　　　　がない場合又は届書にこの記載がない場合には，当該離婚届出は，
　　　　受理すべきでないとされています（昭和23・5・8民事甲977号
　　　　回答）。離婚後も引き続き夫婦の共同親権とするような指定があ
　　　　る場合も同様です。
　〔注2〕　日本民法の解釈上，父母が離婚の届出をするに際して，もとも
　　　　と未成年の子の親権者指定の協議を行っていなかったときは，親
　　　　権は一応父母の共同行使となり（昭和25・6・10民事甲1653号回
　　　　答），離婚後において，新たに協議又は審判（調停）によって親
　　　　権者を定める（民819条1項・5項）べきものと解されます。そ
　　　　して，その指定の効力は追完によって離婚届出時に遡及させるこ
　　　　とはできないので，戸籍法第78条又は第79条の規定に準じて，新
　　　　たに親権者指定の届出をすべきこととなります（昭和24・3・7

民事甲499号回答）。

　これに対し，設問の場合は，協議離婚の届出に際し，夫婦で親権者の指定の合意が成立していたのに，届書にその記載を遺漏したものであり，事案が異なります。

(1) 離婚に関する追完

追　完　届

東京都千代田区 市 ⮺ 町村 長　殿

令和 5 年 4 月 17 日届出

<table>
<tr><td colspan="2" rowspan="2">受附</td><td colspan="4">令和 5 年 4 月 17 日</td><td>第 2788 号</td></tr>
<tr><td>書類調査</td><td>戸籍記載</td><td>記載調査</td><td>附　票</td><td>住民票　通　知</td></tr>
</table>

(一)		種　　　類	離婚届　届出の年月日　令和3年2月13日	基本届出事件の受付年月日及び受付番号　令和3年2月13日　第 1120 号
(二)	追完を要する届出事件	届　出　人	ベルナール、ウェイン　甲野花子	
(三)		事件本人 本　籍	国籍　フランス	東京都千代田区平河町1丁目4番地
		筆頭者氏名		甲　野　花　子
(四)		住所及び世帯主氏名	東京都中央区築地4丁目11番3号　ベルナール、ウェイン	東京都千代田区平河町1丁目4番6号　甲野花子
(五)		氏　　　名	(夫)ベルナール、ウェイン	(妻) 甲　野　花　子
		生年月日	西暦1990年 8 月16日	平成 5 年 10 月 28 日
(六)		追　完　の　事　由	当事者間の未成年の子の親権者指定に関する記載を遺漏したため。	
(七)		追　完　す　る　事　項	次の事項を追完する。　妻が親権を行う子　甲野梅子	
(八)		添　付　書　類		
(九)	届出人	本　　籍	国籍　フランス	東京都千代田区平河町1丁目4番地
		筆頭者氏名		甲　野　花　子
		住　　所	東京都中央区築地4丁目11番3号	東京都千代田区平河町1丁目4番6号
		届出人の資格及び署名（※押印は任意）	夫 ベルナール ウェイン(サイン)	妻 甲野花子　㊞
		生　年　月　日	西暦1990年 8 月16日	平成 5 年 10 月 28 日

(2) 〔コンピュータシステムによる証明書記載例〕 母の戸籍中子の身分事項欄

本　　籍	東京都千代田区平河町一丁目４番地
氏　　名	甲野　花子

戸籍事項 　　戸籍編製	（編製事項省略）

戸籍に記録されている者	【名】梅子 【生年月日】平成３０年２月１８日 【父】ベルナール，ウェイン 【母】甲野花子 【続柄】長女
身分事項 　　出　　生	（出生事項省略）
親　　権	【親権者を定めた日】令和３年２月１３日 【親権者】母 【届出人】父母 【特記事項】令和５年４月１７日父母追完届出
	以下余白

発行番号

※　親権者を定めた日は，父母の離婚（協議離婚届出）日です。参考記載例（136）参照。

巻 末 資 料

資　料

法例の一部を改正する法律の施行に伴う
戸籍事務の取扱いについて

$$\left(\begin{array}{l}\text{平成元年10月2日民二}\\\text{第3900号民事局長通達}\end{array}\right)$$

改正　平成2年5月1日民二第1835号通達
平成4年1月6日民二第 155号通達
平成13年6月15日民一第1544号通達
平成24年6月25日民一第1550号通達

$$\left(\begin{array}{l}\text{※　便宜のため，本通達中「改正法例第○条」と示されている箇所につ}\\\text{きましては，すべて「通則法第○条」と置き替えて掲載しております。}\end{array}\right)$$

このたび法例の一部を改正する法律（平成元年法律第27号）が公布された。同法は，本日公布された法例の一部を改正する法律の施行期日を定める政令（平成元年政令第292号）に基づき平成2年1月1日から施行されるが，この改正に伴う戸籍事務については，次のとおり取り扱うこととするから，これを了知の上，貴管下支局長及び管内市区町村長に周知方取り計らわれたい。本文中「改正法例」とは，上記改正法による改正後の法例をいうものとする。

なお，これに反する当職通達又は回答は，本通達によって変更し，又は廃止するので，念のため申し添える。

第1　婚　姻

1　創設的届出

(1)　実質的成立要件

ア　婚姻の実質的成立要件は，従前のとおりであり，各当事者の本

国法による。

イ　当事者の本国法の決定は，次のとおり行うものとする。

　(ア)　日本人の場合

　　　重国籍である日本人の本国法が日本の法律であることは，従前のとおりである（通則法第38条第1項ただし書）。

　(イ)　外国人の場合

　　①　外国人である婚姻当事者が届書の本籍欄に一箇国の国籍のみを記載した場合は，当該記載された国の官憲が発行した国籍を証する書面（旅券等を含む。以下「国籍証明書」という。）等の添付書類から単一国籍であることについて疑義が生じない限り，その国の法律を当該外国人の本国法として取り扱う。

　　②　重国籍である外国人については，その国籍を有する国のうち当事者が常居所を有する国の法律を，その国がないときは当事者に最も密接な関係がある国の法律を当事者の本国法とすることとされた（通則法第38条第1項本文）。

　　　　この改正に伴い，二以上の異なる国の国籍証明書が提出された場合又は届書その他の書類等から重国籍であることが明らかな場合は，次のとおり取り扱う。

　　　ⅰ　国籍国のうち居住している国の居住証明書の提出を求めた上で，当該証明書を発行した国に常居所があるものと認定し（後記第8の2(2)参照），当該外国人の本国法を決定する。

　　　ⅱ　いずれの国籍国からも居住証明書の発行が得られない場合は，その旨の申述書の提出を求めた上で，婚姻要件具備証明書を発行した国を当該外国人に最も密接な関係がある国と認定し，その本国法を決定する。

　　　ⅲ　ⅰ及びⅱにより当該外国人の本国法を決定することができない場合は，婚姻届の処理につき管轄法務局若しくは地

方法務局又はその支局（以下「管轄局」という。）の長の指示を求めるものとする。

(2) 形式的成立要件（方式）

婚姻の方式は，これまでの婚姻挙行地法によるほか，当事者の一方の本国法によることができることとされた（通則法第24条第3項本文）。したがって，外国に在る日本人が民法第741条の規定に基づき日本の大使等にする婚姻の届出及び当事者の双方又は一方が日本人である場合における外国から郵送によりする創設的な婚姻の届出は，当事者の一方の本国法による方式によるものとして受理することができる。

2 報告的届出

(1) 日本人同士が外国においてした婚姻の報告的届出については，従前のとおりである。

(2) 日本人と外国人が外国においてする婚姻は，婚姻挙行地法による方式によるほか，当該外国人の本国法による方式によることができることとされたことに伴い，外国に在る日本人は，外国人配偶者の本国法による方式により婚姻し，婚姻に関する証書を作らせたときは，その本国が婚姻挙行地国以外の国であっても，三箇月以内にその所在する国に駐在する日本の大使等にその証書の謄本を提出しなければならないこととなる（戸籍法第41条の類推適用）。

(3) 日本において婚姻を挙行した場合において，当事者の一方が日本人であるときは，他の一方の当事者の本国法による方式によることはできないこととされた（通則法第24条第3項ただし書）ので，日本人と外国人が日本において婚姻をした（日本人と外国人が当該外国人の本国の大使館等において婚姻をした場合を含む。）旨の報告的届出は，受理することができない。

第2 離 婚

1 創設的届出

(1) 離婚については，第一に，夫婦の本国法が同一であるときはその

法律により，第二に，その法律がない場合において夫婦の常居所地法が同一であるときはその法律により，第三に，そのいずれの法律もないときは夫婦に最も密接な関係がある地の法律によることとされた（通則法第27条本文）が，夫婦の一方が日本に常居所を有する日本人であるときは，日本の法律によることとされた（同条ただし書）。

この改正に伴い，協議離婚の届出については，次の取扱いとする。なお，当事者の本国法の決定は，第1の1(1)イの例による。

ア　夫婦の双方が日本人である場合

　　従前のとおり，協議離婚の届出を受理することができる。

イ　夫婦の一方が日本人である場合

　(ア)　日本人配偶者が日本に常居所を有するものと認められる場合（後記第8の1(1)参照）又はこれには該当しないが外国人配偶者が日本に常居所を有するものと認められる場合（後記第8の1(2)参照）は，協議離婚の届出を受理することができる。

　(イ)　(ア)のいずれの場合にも該当しないが，当事者の提出した資料等から夫婦が外国に共通常居所を有しておらず，かつ，その夫婦に最も密接な関係がある地が日本であることが認められる場合は，管轄局の長の指示を求めた上で，協議離婚の届出を受理することができる。

ウ　夫婦の双方が外国人でその本国法が同一である場合

　　夫婦の本国法により協議離婚を日本の方式に従ってすることができる旨の証明書の提出がある場合（昭和26年6月14日付け民甲第1230号当職通達参照）は，協議離婚の届出を受理することができる。

エ　夫婦の双方が外国人でその本国法が同一でない場合

　(ア)　夫婦の双方が日本に常居所を有するものと認められる場合（後記第8の1(2)参照）は，協議離婚の届出を受理することができる。

(イ) 夫婦の一方が日本に常居所を有し，かつ，他方が日本との往来があるものと認められる場合その他当事者の提出した資料等から夫婦が外国に共通常居所を有しておらず，かつ，その夫婦に最も密接な関係がある地が日本であることが認められる場合は，イ(イ)の例による。

(2) 離婚の際の子の親権者の指定については，通則法第32条による（後記第7参照）。

2　報告的届出

離婚の裁判（外国における裁判を含む。）が確定した場合における報告的届出の取扱いは，従前のとおりであり，外国において協議離婚をした旨の証書の提出があった場合の取扱いは，離婚の準拠法が改正された点を除き，従前のとおりである。

第3　出生等

夫婦の一方の本国法であって子の出生の当時におけるものにより子が嫡出であるときは，その子は嫡出子とすることとされた（通則法第28条）。また，嫡出でない子の父子関係の成立につき認知主義及び事実主義（生理上の父子関係がある場合には，認知を要件とすることなく，法律上の父子関係を認める法制のことをいう。以下同じ。）の双方に適用する規定が設けられ，その結果，父との間の親子関係については，子の出生の当時の父の本国法によることとされた（通則法第29条第1項）。

この改正に伴い，出生等の届出については，次の取扱いとする。なお，関係者の本国法の決定は，第1の1(1)イの例による。

1　嫡出子

(1) 父母の双方が日本人である場合

従前のとおりである。

(2) 父母の一方が日本人である場合

ア　日本民法により事件本人が嫡出であるときは，事件本人を嫡出子とする。

イ　日本民法によれば事件本人が嫡出でない場合において事件本人

を嫡出子とする出生の届出があったときは，子の出生の当時における外国人親の国籍証明書及び外国人親の本国法上の嫡出子の要件に関する証明書の提出を求め，その結果，外国人親の本国法によって事件本人が嫡出子となるときは，届出を受理する。

ウ　添付書類等から事件本人が母の再婚後に出生した子であることが判明したときは，次のとおりとする。

(ア)　母又は前夫のいずれかの本国法により前夫の子と推定され，かつ，母又は後夫のいずれかの本国法により後夫の子と推定されるときは，父未定の子として取り扱う。

(イ)　(ア)の法律による前夫又は後夫のいずれか一方のみの子としての推定があるときは，推定される方の夫の子として取り扱う。

エ　戸籍法第62条による嫡出子の出生の届出の取扱いは，従前のとおりである。

なお，外国人母から生まれた子について，日本人父から戸籍法第62条による嫡出子出生の届出があった場合の戸籍の記載は，参考記載例19の例による。

(3)　父母の双方が外国人である場合

子の出生の当時における父又は母の本国法のいずれかにより事件本人が嫡出であるときは，事件本人を嫡出子とする。

2　嫡出でない子

(1)　父母の一方が日本人である場合において，母の婚姻成立の日から200日以内に出生した子を嫡出でない子とする出生の届出があったときは，外国人親の本国法上夫の子と推定されていない場合に限り，届出を受理する。婚姻の解消又は取消しの日から301日以後に出生した子を嫡出でない子とする出生の届出があったときは，特段の疑義が生じない限り，届出を受理して差し支えない。

(2)　外国人父の本国法が事実主義を採用している場合における日本人母からの嫡出でない子の出生の届出については，次のとおり取り扱う。

ア　届書の父欄に氏名の記載があり，「その他」欄に父の本国法が
　　事実主義を採用している旨の記載があり，かつ，父の国籍証明書，
　　父の本国法上事実主義が採用されている旨の証明書及びその者が
　　事件本人の父であることを認めていることの証明書（父の申述書，
　　父の署名ある出生証明書等）の提出があるときは，事件本人の戸
　　籍に父の氏名を記載する。

　　　この場合の戸籍の記載は，参考記載例13の例による。

イ　母からの出生の届出に基づき子が入籍している場合において，
　　母からアに掲げる証明書を添付して父の氏名を記載する旨の出生
　　届の追完の届出があるときは，これを受理し，事件本人の戸籍に
　　父の氏名を記載する。

　　　この場合の戸籍の記載は，参考記載例14の例による。

3　嫡出となる子

　　子は，準正の要件たる事実の完成の当時の父若しくは母又は子の本
　国法により準正が成立するときは，嫡出子たる身分を取得すること
　とされた（通則法第30条第1項）が，婚姻準正又は認知準正があった場
　合における続柄欄の訂正手続等は，従前のとおりである。なお，外国
　人父の本国法が事実主義を採用している場合において，子が父母の婚
　姻により嫡出子たる身分を取得するときは，次のとおり取り扱う。

(1)　婚姻前に出生の届出がされ，それに基づき父の氏名が記載されて
　　いる場合は，婚姻の届書の「その他」欄の記載により続柄欄を訂正
　　する。

(2)　婚姻の届出後，2(2)アに掲げる証明書を添付して父の氏名を記載
　　する旨の出生届の追完の届出及び嫡出子たる身分を取得する旨の婚
　　姻届の追完の届出があった場合は，父の氏名を記載し，続柄欄を訂
　　正する。

(3)　婚姻の届出後，婚姻前に出生した子について，母から，届書の
　　「その他」欄に父母が婚姻した旨が記載され，かつ，2(2)アに掲げ
　　る証明書の添付された嫡出子出生の届出があった場合は，嫡出子と

して戸籍に記載する。なお，父も，これらの証明書及びその者が父である旨の母の申述書を添付して，当該出生の届出をすることができる。

第4　認　　知

　認知は，子の出生の当時若しくは認知の当時の認知する者の本国法又は認知の当時の子の本国法のいずれの法律によってもすることができ，認知する者の本国法による場合において，認知の当時の子の本国法がその子又は第三者の承諾又は同意のあることを認知の要件とするときは，その要件をも備えなければならないこととされた（通則法第29条第1項，第2項）。

　この改正に伴い，認知の届出については，次の取扱いとする。なお，関係者の本国法の決定は，第1の1⑴イの例による。

1　創設的届出
⑴　子が日本人である場合

　　日本民法上の認知の要件が当事者双方に備わっている場合は，認知の届出を受理する。認知する者の本国法が事実主義を採用している場合であっても，認知の届出を受理する。第3の2⑵により父の氏名が戸籍に記載されている場合も，同様とする。ただし，後記2⑵により戸籍法第63条の類推適用による届出があり，かつ，父の氏名が戸籍に記載されている場合は，認知の届出を受理することができない。

　　日本民法上の認知の要件が当事者双方に備わっていない場合において，認知する者の本国法により認知することができる旨の証明書を添付した認知の届出があったときは，通則法第42条（公序）の規定の適用が問題となるので，管轄局の長の指示を求めるものとする。

⑵　子が外国人である場合

　　子の本国法により認知することができる旨の証明書の提出があった場合は，認知の届出を受理することができる。認知する者の本国法により認知することができる旨の証明書及び子の本国法上の保護

要件を満たしている旨の証明書の提出があった場合も，同様とする。

(3) 胎児認知の場合

　　　胎児認知の届出があったときは，通則法第29条第1項後段及び第2項の適用上，「子の本国法」を「母の本国法」と読み替えて受否を決するものとする。

2　報告的届出

(1)　認知の裁判（外国における裁判を含む。）が確定した場合における報告的届出の取扱いは，従前のとおりであり，外国において任意認知をした旨の証書の提出があった場合の取扱いは，認知の準拠法が改正された点を除き，従前のとおりである。

(2)　子の出生の当時における父の本国法が事実主義を採用している場合において，父子関係存在確認の裁判が確定したときの報告的届出は，子又は父からの戸籍法第63条の類推適用による届出として受理する。

第5　養子縁組

1　創設的届出

　　養子縁組については，縁組の当時の養親の本国法によることとされ，養子の本国法が養子縁組の成立につき養子若しくは第三者の承諾若しくは同意又は公の機関の許可その他の処分のあることを要件とするときは，その要件をも備えなければならないこととされた（通則法第31条）。

　　この改正に伴い，養子縁組の届出については，次の取扱いとする。なお，当事者の本国法の決定は，第1の1(1)イの例による。

(1)　養親が日本人である場合

　　　日本民法上の養子縁組の要件が当事者双方に備わっているかどうかを審査し，これが備わっている場合は，養子の本国法上の保護要件を審査する。この場合において，養子の本国の官憲の発行した要件具備証明書の提出があるときは，養子の本国法上の保護要件が備わっているものとして取り扱って差し支えない。

(2) 養親が外国人である場合

　養親の本国法上の養子縁組の要件が当事者双方に備わっているかどうかを審査し，これが備わっている場合は，養子の本国法上の保護要件を審査する。この場合において，養子の本国の官憲の発行した要件具備証明書の提出があるときは，(1)後段と同様である。

(3) 養親に配偶者がある場合

　夫婦共同縁組をする場合における養親の本国法は，それぞれの養親についてそれぞれの本国法であり，一方の本国法を適用するに当たり，他方の本国法を考慮する必要はない。

　配偶者のある者が単独縁組をすることができるかどうかは，当該者の本国法による。配偶者又は養子の本国法が夫婦共同縁組を強制していても，これを考慮する必要はない。

2　報告的届出

(1) 我が国における養子縁組の成立

　ア　養親の本国法が普通養子縁組について裁判所の決定等により縁組を成立させる法制を採用している場合において，家庭裁判所の養子縁組を成立させる旨の審判書謄本を添付して養子縁組の届出があったときは，その届出は，戸籍法第68条の2により受理する。ただし，この場合においては，同法第20条の3の規定を適用しない。

　　この場合の戸籍の記載は，参考記載例61の例による。

　イ　家庭裁判所が渉外的な特別養子縁組を成立させる審判を行った場合において，戸籍法第68条の2による届出があったときは，同法第20条の3の規定を適用する。

(2) 外国における養子縁組の成立

　外国において養子縁組をした旨の報告的届出があった場合は，養子縁組の準拠法上その養子縁組が無効でない限り，これを受理する。外国において日本人を特別養子とする縁組が成立した旨の報告的届出があったときは，その養子について新戸籍を編製する。

第6 離　　縁

1　創設的届出

　　離縁については，養子縁組の当時の養親の本国法によることとされた（通則法第31条第2項）ので，渉外的な協議離縁の届出についての取扱いは，養親の本国法が縁組時と離縁時とで異なる場合を除き，従前のとおりである。

　　なお，縁組事項を記載した戸籍に養親の国籍として単一の国が記載されているときは，その国の法律を養親の縁組当時の本国法として取り扱って差し支えない。

2　報告的届出

　　離縁の裁判（外国における裁判を含む。）が確定した場合における報告的届出の取扱いは，従前のとおりであり，外国において協議離縁をした旨の証書の提出があった場合の取扱いは，離縁の準拠法が改正された点を除き，従前のとおりである。

第7 親　　権

　　親権については，原則として，子の本国法によることとされ，例外として，子の本国法が父の本国法及び母の本国法のいずれとも異なる場合又は父母の一方が死亡し，若しくは知れない場合において他方の親の本国法と子の本国法とが異なるときは，子の常居所地法によることとされた（通則法第32条）。したがって，日本人である子の親権については，上記例外の場合を除き，子の本国法としての日本の法律を適用することとなる。上記例外の場合については，後記第8の1(1)により，子の常居所が日本にあるものと認定することができるときは，子の常居所地法としての日本の法律を適用することとなる。

　　なお，関係者の本国法の決定については，第1の1(1)イの例による。

第8 常居所の認定

　　事件本人の常居所の認定については，次のとおり取り扱って差し支えない。次の基準によっていずれの国にも常居所があるものと認定することができない場合は，原則として居所地法による（通則法第39条）が，

疑義がある場合は，管轄局の指示を求めるものとする。

1　我が国における常居所の認定

(1)　事件本人が日本人である場合

　　事件本人の住民票の写し（発行後1年内のものに限る。）の提出があれば，我が国に常居所があるものとして取り扱う。ただし，後記2(1)の事情が判明した場合を除く。

　　事件本人が国外に転出し，住民票が消除された場合でも，出国後1年内であれば，我が国に常居所があるものとして取り扱う。出国後1年以上5年内であれば，事件本人が後記2(1)ただし書に記載した国に滞在する場合を除き，同様とする。

(2)　事件本人が外国人である場合

　　出入国管理及び難民認定法による在留資格（同法第2条の2並びに別表第1及び別表第2）等及び在留期間により，次のとおり取り扱う。在留資格及び在留期間の認定は，これらを記載した在留カード，特別永住者証明書又は住民票の写し及び旅券（日本で出生した者等で本国から旅券の発行を受けていないものについては，その旨の申述書）による。

ア　引き続き5年以上在留している場合に，我が国に常居所があるものとして取り扱う者

　　別表第1の各表の在留資格をもって在留する者（別表第1の1の表中の「外交」及び「公用」の在留資格をもって在留する者並びに別表第1の3の表中の「短期滞在」の在留資格をもって在留する者を除く。）

イ　引き続き1年以上在留している場合に，我が国に常居所があるものとして取り扱う者

　　別表第2の「永住者」，「日本人の配偶者等」（日本人の配偶者に限る。），「永住者の配偶者等」（永住者等の子として本邦で出生しその後引き続き本邦に在留している者を除く。）又は「定住者」の在留資格をもって在留する者

ウ　我が国に常居所があるものとして取り扱う者

　(ア)　我が国で出生した外国人で出国していないもの（ア又はイに
　　　　該当する者を含む。）

　(イ)　別表第２の「日本人の配偶者等」（日本人の配偶者を除く。）
　　　　又は「永住者の配偶者等」（永住者等の子として本邦で出生し
　　　　その後引き続き本邦で在留している者に限る。）の在留資格を
　　　　もって在留する者

　(ウ)　日本国との平和条約に基づき日本の国籍を離脱した者等の出
　　　　入国管理に関する特例法（平成３年法律第71号）に定める「特
　　　　別永住者」の在留資格をもって在留する者

エ　我が国に常居所がないものとして取り扱う者

　(ア)　別表第１の１の表中の「外交」若しくは「公用」の在留資格
　　　　をもって在留する者又は別表第１の３の表中の「短期滞在」の
　　　　在留資格をもって在留する者

　(イ)　日本国とアメリカ合衆国との間の相互協力及び安全保障条約
　　　　第６条に基づく施設及び区域並びに日本国における合衆国軍隊
　　　　の地位に関する協定第９条第１項に該当する者

　(ウ)　不法入国者及び不法残留者

2　外国における常居所の認定

(1)　事件本人が日本人である場合

　　旅券その他の資料で当該国に引き続き５年以上滞在していること
　が判明した場合は，当該国に常居所があるものとして取り扱う。た
　だし，重国籍の場合の日本以外の国籍国，永住資格を有する国又は
　配偶者若しくは未成年養子としての資格で滞在する場合における外
　国人配偶者若しくは養親の国籍国においては，１年以上の滞在で足
　りる。

(2)　事件本人が外国人である場合

　　外国人の国籍国における常居所の認定については，1(1)に準じて
　取り扱い，国籍国以外の国における常居所の認定については，1(2)

に準じて取り扱う。

第9　経過規定

　改正法の施行前に生じた事項については，なお従前の例によるが，改正法の施行の際現に継続する法律関係については，改正法の施行後の法律関係に限り，改正法例の規定を適用することとされた（改正法附則第2項）。したがって，婚姻，離婚，嫡出親子関係，非嫡出親子関係，養子縁組又は離縁の成立については，それぞれの成立の時における法例の規定による準拠法を適用するが，親権については，継続的関係であるので，改正法の施行とともに準拠法が変更することとなる。

　その結果，創設的届出の場合は，届出の時における法例の規定により，報告的届出の場合は，成立の時における法例の規定によることとなる。

全巻目次〔改訂 設題解説 渉外戸籍実務の処理第Ⅰ巻～第Ⅸ巻〕

1 内 容

「改訂 設題解説 渉外戸籍実務の処理」第Ⅰ巻から第Ⅸ巻までの設問を，各巻掲載順に表示しています。

2 表示方法

各設問につきましては，下記〔例〕のように該当巻の「問番号」，「設問内容」を表示し，その後に，「巻番号」，「頁数」を表示しています。

〔例〕

問33 日本人が外国人と婚姻したときは，日本人と外国人配偶者の血族との間に姻族関係が生じますか。 Ⅱ106

→ 改訂第Ⅱ巻の106頁に掲載（問番号は33）

レジストラー・ブックス137
改訂 設題解説 渉外戸籍実務の処理 Ⅰ 総論・通則編

レジストラー・ブックス140
改訂 設題解説　渉外戸籍実務の処理 Ⅱ　婚姻編

第1章　渉外婚姻一般

第2章　渉外婚姻の成立と準拠法

　第1節　婚姻成立の準拠法

第2節　実質的成立要件

第3節　形式的成立要件

第1　日本の方式

第2　外国の方式

第5章　渉外婚姻による戸籍の変動

第1節　新戸籍編製

第2節　戸籍の記載

に関する証明書は，ハングル文字で，訳文の書類は漢字で，届書の氏名は漢字
でそれぞれ記載されている場合，日本人の戸籍の婚姻事項中韓国人の配偶者の
氏名は，漢字で記載することができますか。若しくは，届書の記載を片仮名に
補正させることになりますか。

第6章　渉外婚姻の届出及び戸籍の処理

第1節　届出の要件

第2節　添付書類

第3節　届書の審査
第1　創設的届出

第5節　戸籍の処理（届出例・書式，受附帳，戸籍の記載）

第7章　渉外婚姻の具体的届出事件とその処理

レジストラー・ブックス155

改訂 設題解説　渉外戸籍実務の処理 Ⅲ　離婚編

<h1>第1編 出 生</h1>

第1章 渉外出生一般

第2章 親子関係成立の準拠法

第1節 嫡出親子関係の成立
第1 準拠法の決定

第2 準拠法の適用範囲

第3 嫡出性の推定の重複

第4 嫡出性の否認と親子関係の存否確認

レジストラー・ブックス159
改訂　設題解説　渉外戸籍実務の処理　Ⅴ　養子縁組編

第1章　渉外養子縁組一般

第2章　渉外養子縁組の成立と準拠法

第1節　養子縁組成立の準拠法
第1　実質的成立要件
1　準拠法

レジストラー・ブックス160
改訂 設題解説　渉外戸籍実務の処理 Ⅵ　養子離縁編・特別養子縁組・
　　　　　　　　　　　　　　　　　　離縁及び断絶型養子縁組編

第1編　養子離縁

第1章　渉外養子離縁一般

第2章　渉外養子離縁の成立と準拠法

第1節　準拠法一般

第2節　実質的成立要件

第2編　特別養子縁組・離縁及び断絶型養子縁組

第1章　渉外特別養子縁組一般

第2章　特別養子縁組の成立要件と準拠法

第1節　実質的成立要件

第1編　親権・後見

第1章　親　権

第2章　未成年後見

第1節　未成年後見の準拠法

第2編　死亡・失踪

第1章　死　亡

レジストラー・ブックス164
改訂 設題解説　渉外戸籍実務の処理 Ⅷ　戸籍訂正・追完編(1)

第1編　戸籍訂正

第1章　渉外的戸籍訂正一般

第2章　出生に関するもの

レジストラー・ブックス167
改訂 設題解説　渉外戸籍実務の処理 Ⅸ　戸籍訂正・追完編(2)

第1編　戸籍訂正

第7章　離婚に関するもの

第1　市区町村長限りの職権でする訂正

第2　戸籍法第24条第2項の許可を得てする訂正

第3　戸籍法第113条の申請による訂正

第4　戸籍法第116条の申請による訂正

間に妻Bからされた協議離婚の届出が受理され，夫の戸籍に離婚の記載がされるとともに，子Cの親権者を妻Bとする旨の記載がされた。夫Aは，離婚自体はやむを得ないとして了承しているものの，子Cの親権者の指定について争いたいとしている。この場合，どのような手段が考えられますか。また，この場合における戸籍訂正は，どのようにすべきですか。

第2編　追　完

第1章　追完一般

改訂

設題解説 渉外戸籍実務の処理
— IX　戸籍訂正・追完 編(2) —

2012年 9 月20日　初版発行　　　　レジストラー・ブックス⑯
2023年 8 月 1 日　改訂版発行

著　　者　　渉外戸籍実務研究会

発 行 者　　和　田　　　裕

発 行 所　　日 本 加 除 出 版 株 式 会 社
本　　　社　　〒 171 - 8516
東京都豊島区南長崎 3 丁目 16 番 6 号

組版　㈱郁文　印刷　㈱精興社　製本　牧製本印刷㈱

定価はカバー等に表示してあります。
落丁本・乱丁本は当社にてお取替えいたします。
お問合せの他、ご意見・感想等がございましたら、下記まで
お知らせください。

〒 171-8516
東京都豊島区南長崎 3 丁目 16 番 6 号
日本加除出版株式会社　営業企画課
電話　　03-3953-5642
FAX　　03-3953-2061
e-mail　toiawase@kajo.co.jp
URL　　www.kajo.co.jp

ⓒ 2023
Printed in Japan
ISBN978-4-8178-4899-4

レジストラー・ブックス

改訂 設題解説 渉外 戸籍実務の処理

渉外戸籍実務研究会 著

- ●基本から複雑な事例までを網羅。
- ●渉外身分変動における法の適用について、現行実務の解釈がわかる。
- ●実務における指針となる、専門性の高い内容。

レジストラー・ブックス137
Ⅰ 総論・通則 編 (設題数：83問)
2013年9月刊 A5判 404頁 定価4,620円(本体4,200円) 978-4-8178-4110-0 商品番号：64137 略号：設渉総

レジストラー・ブックス140
Ⅱ 婚姻 編 (設問数：134問)
2014年8月刊 A5判 444頁 定価4,400円(本体4,000円) 978-4-8178-4181-0 商品番号：64140 略号：設渉婚

レジストラー・ブックス155
Ⅲ 離婚 編 (設問数：108問)
2019年8月刊 A5判 396頁 定価4,620円(本体4,200円) 978-4-8178-4579-5 商品番号：64155 略号：設渉離

レジストラー・ブックス157
Ⅳ 出生・認知 編 (設問数：123問)
2020年5月刊 A5判 456頁 定価4,840円(本体4,400円) 978-4-8178-4648-8 商品番号：64157 略号：設渉出

レジストラー・ブックス159
Ⅴ 養子縁組 編 (設問数：118問)
2020年12月刊 A5判 400頁 定価3,850円(本体3,500円) 978-4-8178-4687-7 商品番号：64159 略号：設渉養

レジストラー・ブックス160
Ⅵ 養子離縁 編 (設問数：86問)
特別養子縁組・離縁及び断絶型養子縁組 編 (設問数：31問)
2021年5月刊 A5判 436頁 定価4,620円(本体4,200円) 978-4-8178-4727-0 商品番号：64160 略号：設渉縁

レジストラー・ブックス162
Ⅶ 親権・後見・死亡・国籍の得喪・氏の変更等 編 (設問数：146問)
2021年11月刊 A5判 488頁 定価4,730円(本体4,300円) 978-4-8178-4763-8 商品番号：64162 略号：設渉親

レジストラー・ブックス164
Ⅷ 戸籍訂正・追完 編(1) (設問数：62問)
2022年8月刊 A5判 364頁 定価3,960円(本体3,600円) 978-4-8178-4818-5 商品番号：64164 略号：設渉訂1

レジストラー・ブックス167
Ⅸ 戸籍訂正・追完 編(2) (設問数：54問)
2023年8月刊 A5判 384頁 定価3,630円(本体3,300円) 978-4-8178-4899-4 商品番号：64167 略号：設渉訂2

日本加除出版
〒171-8516 東京都豊島区南長崎3丁目16番6号
営業部 TEL (03)3953-5642 FAX (03)3953-2061
www.kajo.co.jp